SCHATZKAMMERN UND HERRSCHERHÄUSER DER WELT

SCHATZKAMMERN UND HERRSCHERHÄUSER
DER WELT

DIE HERRSCHER VON JAPAN

von
Henry Wiencek

Die Serie Schatzkammern und Herrscherhäuser der Welt (*Treasures of the World*) wurde entwickelt und realisiert von Tree Communications, Inc., und erscheint bei Stonehenge Press., Inc.

Autor des vorliegenden Bandes: Henry Wiencek arbeitet als Textredakteur am Projekt *Treasures of the World* bei Tree Communications.

Wissenschaftlicher Berater: Robert D. Mowry, vormals Kurator des Fogg Art Museums an der Harvard-Universität, ist Leiter der Mr. and Mrs. John D. Rockefeller 3rd Collection of Asian Art at The Asia Society in New York.

Umschlag: *Tänzer mit Drachenmaske; Ausschnitt eines Wandschirms aus dem 18. Jh. Begleitet vom Schlag der Trommeln und den Klängen der Blasinstrumente, haben die japanischen Hoftänze,* bugaku, *das kaiserliche Leben zu allen Zeiten bereichert.*

Titelblatt: *In voller Rüstung sprengt ein Samurai auf seinem prächtigen Pferd in die Schlacht. Dieses Detail einer Bildrolle aus dem späten 13. Jh. stellt ein Mitglied des Minamoto-Clans dar, der alle rivalisierenden Sippen besiegte und das erste Shogunat in Japan gründete.*

Seite 4/5: *Auf einem bemalten Wandschirm befindet sich diese heitere Szene mit friedlichen Samurai und tanzenden Frauen. Von einer Veranda aus betrachten die Mätresse und der Sohn Hideyoshis, des mächtigen Regenten, der Japan im späten 16. Jh. beherrschte, das Treiben.*

Oben: *Dieser aus Holz geschnitzte Musiker, der unter einem Blütenbaldachin auf einem Lotos sitzt, ist ein Kunstschatz aus dem Nara des 7. Jhs., der ersten ständigen Hauptstadt Japans.*

Aus dem Englischen übertragen von Dr. Dieter Dörr
Redaktion: Vera Murschetz
Korrekturen, Register: Irmgard Perkounigg

Lizenzausgabe 1989 für
Manfred Pawlak Verlagsgesellschaft mbH,
Herrsching

Textlayout der deutschsprachigen Ausgabe: Dieter Lidl
Satz: Fotosatz Völkl, Germering
Umschlaggestaltung: Bine Cordes, Weyarn
Printed in Yugoslavia

ISBN: 3-88199-622-2

INHALT

CHINA
KOREA
JAPA-
NISCHES
MEER
JAPAN
PAZI-
FISCHER
OZEAN
JAPANISCHES MEER
OKI-
INSELN
TSUSHIMA
IKI
Dan-no-ura
ITSUKUSHIMA
Hiroshima
Kanazawa
Himeji
Kyōto
(Kaiserliche Hauptstadt
794–1868)
Sekiganara
BIWA-
SEE
Bisai
Seto
Nagaoka
(Kaiserliche Hauptstadt
784–794)
INLAND-
SEE
Nara
(Kaiserliche Hauptstadt
710–784)
Nagoya
Ōsaka
Wakayama
Kōya
Ise
SHIKOKU
KYŪSHŪ
SATSUMA
TANEGASHIMA

ELF JAHRHUNDERTE JAPANISCHER GESCHICHTE (710–1868)

Im Jahr 710 ließ sich der Kaiser in Nara nieder. Später waren Nagaoka und Kyōto die Hauptstädte und dann, als die Macht auf die Shōgune überging, Kamakura und Edo, das 1868 in Tōkyō umbenannt wurde. Die bedeutenden Festungen von Sendai, Nagoya, Wakayama, Ōsaka und Himeji wurden um das Jahr 1600 errichtet, als die sich gegenseitig bekriegenden Samurai ihre Schwerter sowie Pfeil und Bogen gegen Musketen und Kanonen austauschten.

I

DIE ERSTEN KAISER

DAS SCHATZHAUS VON NARA

Am Anfang der Zeit standen ein Gott und eine Göttin auf der Himmlischen Brücke – einem Regenbogen – und blickten auf die Erde hinab. Sie senkten den mit himmlischen Kleinodien geschmückten Speer in den Ozean, so daß die Wasser aufwallten. Als sie ihn wieder herauszogen, fielen Wassertropfen von seiner Spitze, erstarrten und verwandelten sich in Inseln. Die beiden Gottheiten stiegen hinab auf das Land, und die Göttin gebar das Große Inselreich – Japan – und Amaterasu, die Sonnengöttin und künftige Herrscherin über das neue Land.

Die Sonnengöttin, deren Geburt in diesem Schöpfungsmythos beschrieben wird, ist die Ururgroßmutter einer weiteren mythischen Gestalt, des Kaisers Jimmu, des legendären Ahnherrn der japanischen Kaiserfamilie. Alle nachfolgenden Kaiser stammten von ihm ab und waren damit zugleich direkte Abkömmlinge der Sonnengöttin. Während der ganzen japanischen Geschichte blickte man auf den Kaiser als geheiligtes Oberhaupt und Symbol der Einheit und Beständigkeit Japans, selbst zu einer Zeit, als die kaiserliche Oberhoheit durch die Macht reicher Familien und Feldherrn überschattet wurde. Jeder Kaiser war im Besitz von drei Kleinodien, die ihm nach der Überlieferung von Jimmu aus dem Himmel herabgereicht wurden und die seine göttliche Herkunft bezeugten: den Spiegel der Sonnengöttin als Zeichen seiner Göttlichkeit, das die Herrschergewalt symbolisierende Schwert *Susano-os* und das Halsband, das *Mikubi-dama,* das Symbol der Nachfolge und wichtigste Insignie bei der Inthronisation japanischer Kaiser.

Nach der Legende nahm Jimmu das Gebiet von Yamato, nahe

Shōmu legte eine der ersten Kunstsammlungen in Japan an. Dieses Porträt des Herrschers aus dem 8. Jh. befindet sich auf einer Bildrolle.

Heiter und unversehrt sitzt Buddha in einem brennenden Pavillon, um Zweiflern zu beweisen, daß er »der Erleuchtete« ist. Nach den Aufzeichnungen der Bildrolle (8. Jh.), von der dieses Detail stammt, gewann Buddha durch dieses Wunder tatsächlich neue Anhänger.

der künftigen Hauptstadt Kyōto, durch den Sieg über ein barbarisches Volk in Besitz. Dabei handelte es sich wahrscheinlich um die Ainu, eine weißhäutige Rasse von Jägern und Fischern, die um das Jahr 3000 v. Chr. aus Ostsibirien nach Japan gekommen sein könnten. Die Legende von Jimmu hat ihren Ursprung vermutlich in tatsächlich stattgefundenen Auseinandersetzungen der Ainu mit den Vorfahren der Japaner – einer Völkermischung, die aus Südchina, Indochina und vielleicht auch von pazifischen Inseln stammte. Unter ihnen gab es Bauern, die die Kunst des Reisanbaus beherrschten und damit die Grundlagen für das japanische Hauptnahrungsmittel schufen.

Die frühen Japaner glaubten das Land erfüllt von *kami*, guten oder auch bösen Göttern. Sie sprachen aus den von ihnen bewohnten Felsen, Bäumen, Bergen, Seen und Feldern. Aus diesem Glauben entwickelte sich der japanische Shintō-Kult, der »Weg der Gottheiten«. Er verfügt nur über vage Gebote und Lehrmeinungen; grundlegend ist die Vorstellung, daß alles in der Natur beseelt und in gewisser Weise mit Leben erfüllt ist. Man verehrte die Götter durch das feierliche Deklamieren der Namen der *kami*; durch Speiseopfer und die Darbringung von Tier- und Waffennachbildungen versuchte man sich ihres Beistands für die Feldarbeit oder den Krieg zu versichern.

Der Shintoismus kannte weder einen Moralkodex noch ein Sündenbewußtsein. Dafür gab es ein komplexes System von Reinheitsgeboten. Blut beispielsweise verunreinigte eine Person. Deshalb galten eine Frau, die geboren hatte, oder ein in der Schlacht verwundeter Krieger als unrein und mußten sich durch rituelle Waschungen reinigen. Ein Haus, in dem ein Kaiser starb, konnte nicht mehr gereinigt werden, deshalb verließ man es. Der Kaiser hatte die Aufgabe, die »nationale Reinheit« zu überwachen. In der »Großen Reinigungs-Liturgie« bat er die Götter, das Land von allen Verunreinigungen zu befreien, die durch Töten, Hexenzauber, das Pflanzen von Unkraut oder die Zerstörung lebensnotwendiger Bewässerungssysteme entstanden waren.

Im 7. Jahrhundert wurden die Taten der frühen japanischen Kaiser und die Ereignisse während ihrer Regentschaften aufgezeichnet. Die Annalen berichten von anhaltenden Auseinandersetzungen der Clans über Grund und Boden, der einzigen Quelle des Reichtums. Es gab nur wenige Gold- und Silberminen, aber selbst die konnten mit den primitiven Schürfmethoden der Zeit nur zu einem Bruchteil ausgebeutet werden. Familien, die mächtig genug waren, ihren Anspruch auf große Ländereien anzumelden und zu behaupten, stiegen zum Adelsstand des frühen Japan auf. Um das Jahr 300 erkannte ein Clansverband einen Kaiser mit Sitz im Gebiet von Yamato an, ohne ihm allerdings viel der eigenen Unabhängigkeit zu opfern. Die Clansoberhäupter behielten die Oberherrschaft über ihr Land und die Bauern, die es bearbeiteten. Die Großgrundbesitzer boten ihren Untertanen kaum mehr als Schutz vor rivalisierenden Clans. Trotz gelegentlicher Reformen blieb das Los der japanischen Bauern recht hart. Der Grundbesitzer beanspruchte den Großteil der Ernte für sich, und der Rest wurde häufig durch den Kaiser hoch besteuert.

Da der Ackerbau die Grundlage der Wirtschaft bildete, dienten Reis und Saatgut als nationale Zahlungsmittel; sogar Ackergeräte wurden wie Geld gehandhabt. Bis ins 1. Jahrhundert hinein arbeiteten die japanischen Bauern mit Geräten aus Bronze, einem relativ weichen und leicht brechenden Metall. Seefahrende Clans im Westen der Insel Kyūshū besuchten zur selben Zeit Korea, wo die Bauern sehr viel widerstandsfähigere Eisengeräte aus China verwendeten. Kyūshū-Händler führten diese Geräte nach Japan ein und schufen damit die Grundlage für einen lebhaften Handel zwischen ihrem Land, Korea und China. Den Ackergeräten folgten Gold- und Silberarbeiten, wertvolle Seiden- und Brokatstoffe, Gemälde und Bücher, ehrfürchtig bewundert von den Japanern. Unter den japanischen Adligen fanden chinesische und koreanische Künstler großzügige Förderer.

Die Japaner waren keineswegs zu stolz, die Überlegenheit der chinesischen Kultur anzuerkennen. Vielmehr bemühten sie sich, so viel wie möglich von dem fortgeschritteneren Nachbarn zu lernen und zu übernehmen. Da sie selbst über keine Schrift verfügten, studierten sie die chinesische mit größter Sorgfalt, um sie dann der japanischen Sprache anzupassen. Gelehrte reisten nach China und machten sich mit den dortigen Regierungs- und Verwaltungsformen vertraut. Das führte zur Errichtung einer am chinesischen Vorbild orientierten Bürokratie in Japan. Diese erstaunliche Fähigkeit, sich einer fremden Kultur zu öffnen, wurde nur noch von dem Talent übertroffen, mit dem die Japaner sich diese exotischen Einflüsse aneigneten und sie ihrer Lebensweise

Mononobe Moriya, ein Heerführer aus dem 6. Jh., der sich der Einführung des Buddhismus widersetzte, befiehlt hoch zu Roß die Zerstörung eines buddhistischen Tempels, während die Gläubigen um ihr Leben rennen. Ausschnitt eines auf Seide gemalten fünfteiligen Bildes aus dem Jahr 1069.

NACH SEINEM EBENBILD

Prinz Shōtoku Taishi, Regent der Kaiserin Suiko, ließ im frühen 7. Jh. einen Hōryū-ji genannten Tempelkomplex errichten, um den ersten in Japan entstandenen Meisterwerken buddhistischer Kunst einen würdigen Rahmen zu geben. Der prächtige Buddha und die beiden Bodhisattvas – wohltätige Gottheiten – kamen nach Hōryū-ji, nachdem Suiko und andere hochgestellte Mäzene Tori Busshi, den ersten großen Bildhauer Japans, beauftragt hatten, diese Dreieinigkeit als Opfergabe für den kränkelnden Prinzen zu schaffen. Die vergoldete Bronzeskulptur war ebenso dem Prinzen wie seinem Gott geweiht. Der meditierende Buddha im Lotossitz hat angeblich Shōtokus Größe; er trägt ein bescheidenes Mönchsgewand, um seine Schüler an seinen Weltverzicht zu erinnern. Die *urna* in der Stirnmitte symbolisiert das alles sehende Auge; die großen Ohren des Buddha hören alles und die *ushnisha*, der krönende Haarknoten, versinnbildlicht die allumfassende Weisheit des Gottes. Die zum Segen erhobene rechte Hand des Buddha bedeutet den Gläubigen, keine Furcht zu haben, während die ausgestreckten Zeige- und Mittelfinger der linken Hand seine Milde und Barmherzigkeit anzeigen.

Die stehenden Bodhisattvas – ihre kleinere Gestalt entspricht ihrem untergeordneten Rang – sind wie indische Fürsten gekleidet. Jeder hält einen Edelstein, der die geistigen Reichtümer der wahrhaft Gläubigen verkörpert.

In Weihrauchwolken gehüllt, war diese heilige Skulptur Mittelpunkt bei feierlichen Anlässen in der Goldenen Halle des Hōryū-ji. Der Fürst jedoch erholte sich nicht mehr von seinem Leiden; er starb im Jahr 622. Die vergoldete Triade wurde zum Bittmotiv für Shōtokus Wiedergeburt, für seine Inkarnation.

Die von dieser Skulptur des Shakyamūni, des historischen Buddha, ausstrahlende Würde und Heiterkeit und die mit einem Glorienschein versehenen Heiligen drükken die innere Harmonie und Weltentrücktheit aus, die die Shakyamūni-Anhänger anstrebten.

anpaßten, so daß sie zu etwas Eigenem wurden. Denn auf der Grundlage der Bücher, Gemälde und sonstiger Schätze Chinas entwickelte sich allmählich eine eigenständige japanische Kultur.

Der chinesische Einfluß auf Japan wurde zu einem Großteil durch das näher gelegene Korea gefiltert. Und aus Korea empfing Japan im 6. Jahrhundert ein Geschenk, das tiefgreifend auf das japanische Leben einwirken sollte. Der von kriegerischen Nachbarn bedrängte Herrscher des Königreichs von Paekche sandte regelmäßig Geschenke nach Japan, in der Hoffnung, von dort Schiffe zu erhalten, mit denen sich die Feinde abwehren ließen. Im Jahr 552 überbrachten seine Gesandten die in seinen Augen wertvollste Gabe. Im Begleitschreiben hieß es überschwenglich: »Stellt Euch einen Mann vor, der alle Schätze besitzt, wonach sein Herz verlangt, so daß keiner seiner Wünsche unerfüllt bleibt ... Ein solcher Schatz ist diese wundervolle Lehre.« Dieser Schatz war der Buddhismus. Die Gesandten von Paekche machten Japan buddhistische Schriften sowie eine Gold- und Kupfer-Skulptur Buddhas zum Geschenk.

Als der Buddhismus nach Japan kam, war er schon eine sehr alte Lehre, die auf dem Leben und den Lehren des im 6. Jahrhundert v. Chr. geborenen Inders Gautama basierte, der später Buddha oder »der Erleuchtete« genannt wurde. Entsetzt über das elende Leben in seiner Heimat und über die Unvermeidbarkeit von Krankheit und Tod, suchte Gautama mit Hilfe von Fasten und Meditation Trost und Erklärung. Viele Jahre gelang ihm das nicht. Doch dann überkam ihn bei der Meditation unter einem Baum die Erleuchtung. Nach Gautamas Lehre gibt es weder Gott noch eine Seele und die Welt ist nichts als eine Illusion. Predigend versuchte er seine Umgebung an dieser Erkenntnis teilhaben zu lassen. Von ihm selbst gibt es keine schriftlichen Zeugnisse. Erst nach seinem Tod zeichneten seine Jünger in den sogenannten Sutren eine Reihe von Dialogen auf, die die Lehren des Meisters festhielten. Für den Buddhismus bedeutet Leben Leiden, von dem nur der »edle achtfache Pfad« Erlösung bringen kann. Er besteht aus der rechten Anschauung, dem rechten Denken, der rechten Sprache, dem rechten Handeln, dem rechten Leben, dem rechten Streben, der rechten Gesinnung und dem rechten Sich-Versenken.

Nur wenige Jahrzehnte nachdem der Buddhismus ins Land gebracht worden war, wurde die neue Lehre durch den berühmten

Im Kreis teetrinkender Freunde spielen zwei Männer Laute. Das kleinere der beiden Instrumente wird mit dem Bogen gestrichen. Diese heitere Szene befindet sich auf der mit Leder und Sandelholz verzierten Oberseite einer aus dem 8. Jh. stammenden Laute.

Fürsten Shōtoku, den größten Gelehrten seiner Zeit, fest etabliert. Von 593 bis 622 regierte er im Namen seiner Tante das Land. Shōtoku unterstützte die Gründung buddhistischer Klöster sowie die Missionierung des Volks zu der neuen Lehre. Außerdem verfaßte er einen Kodex ethischer Regierungsmaximen und versuchte die politische Macht aus den Händen der Clanoberhäupter auf den Thron zu übertragen. Immer wieder forderte er sein Volk auf, mit der Kultur Chinas zu wetteifern, die seine größte Bewunderung genoß.

Shōtokus gütige und weithin populäre Herrschaft endete 622 mit seinem Tod. Damit begannen Jahrzehnte voller Intrigen, die in einem blutigen Staatsstreich gipfelten. Soga Emishi, das Oberhaupt der Soga-Familie und erster Minister unter Shōtoku, sorgte dafür, daß Shōtokus ältester Sohn, Yamishiro Oe, von der Thronfolge ausgeschlossen wurde und an dessen Stelle ein Kandidat eigener Wahl trat. Doch die eigentliche Regierungsgewalt legte Emishi in die Hände seines Sohnes Iruka.

Weitaus schlimmere Folgen als die Usurpation Soga Emishis hatte der gewalttätige Ehrgeiz Irukas. Da er fürchtete, daß Shōtokus Sohn Anspruch auf den Thron erheben könnte, entschloß er sich, diesen zu ermorden. Yamishiro Oe wußte, daß sein Widerstand einen Bürgerkrieg auslösen konnte, und sandte eine Botschaft an seine Gefolgsleute, in der er fragte: »Muß man denn eine Schlacht gewonnen haben, um als Held verehrt zu werden? Ist nicht auch der ein Held, der sein Leben gibt, um seinem Land den Frieden zu erhalten?« Darauf gaben sich der Prinz und seine gesamte Familie den Tod.

Die Gefolgsleute des Prinzen fügten sich seinem Wunsch und bewahrten den Frieden. Doch ein Adliger mit Namen Nakatomi Kamatari war entschlossen, der wachsenden Macht der Soga-Sippe Einhalt zu gebieten. Er verbündete sich mit einem Prinzen, und die beiden Verschwörer trafen sich mehrmals in einem Wisterien-Garten unter dem Vorwand, über chinesische Philosophie zu diskutieren. Bei einer feierlichen Hofzeremonie ermordeten dann der Prinz, Kamatari und zwei bezahlte Krieger Iruka. Am folgenden Tag wurde Soga Emishi hingerichtet. Dadurch war nicht nur die Macht der Soga-Familie gebrochen, sondern ein neues Herrschergeschlecht trat in die japanische Geschichte ein – der Clan des Verschwörers Kamatari. Zur Erinnerung an den Wisterien-Garten, wo er und der Prinz ihre Pläne ausheckten, bekam seine Familie den neuen Namen und nannte sich Fujiwara nach dem japanischen Wort *fuji* für Wisterie (Glyzine). Diese Familie sollte zwei Jahrhunderte lang die Geschicke des Landes bestimmen.

Kamatari und der Prinz dekretierten im Jahr 646 eine Reihe von Reformen. An erster Stelle stand eine Neuverteilung des Landes. Sie enteigneten die großen Clans der Grundbesitzer und gaben das Land den Bauern. Die Reform sollte aber nicht nur deren Los lindern, sondern zugleich die Macht der Clans brechen. Beide Hoffnungen erfüllten sich nicht. Denn die Bauern, unfähig die Bewirtschaftungskosten und die hohen Steuern zu tragen, verpfändeten das eben erhaltene Land an wohlhabende Clans und an nicht steuerpflichtige buddhistische Klöster und blieben damit so arm, wie sie immer waren.

Eine der Voraussetzungen für die Reformen von 646 bestand darin, eine feste Hauptstadt für den Herrscher zu errichten. Bisher war der Hof nach dem Tod eines Herrschers immer verlegt worden, da nach dem Shintō-Glauben die Gebäude als verunreinigt galten. Deshalb lebten die Herrscher auch meist in einfachen Häusern. Doch als dann Reisende von den majestätischen Städten Chinas berichteten, verlangten auch die japanischen Höflinge nach solchem Glanz. In einem Tal bei Nara fand man die geeignete Stelle für die neue Hauptstadt, und die Hofarchitekten schufen eine rechteckige Anlage von ungefähr 4200 auf 4800 Metern rund um den kaiserlichen Palast.

Einer der ersten Kaiser in Nara war Shōmu, der im Jahr 724 den Thron bestieg. Er überließ die Regierungsgeschäfte weitgehend der Fujiwara-Sippe, während er sich beim Bogenschießen, Rudern, Reiten oder bei der Falknerei amüsierte. Seine unmittelbaren Vorgänger hatten noch in Hütten gehaust, er aber residierte jetzt in einem prächtigen Gebäude mit Ziegeldach, umgeben von weiteren Palästen und Tempeln.

Shōmu, seine Familie und der gesamte Hofstaat waren überzeugte Anhänger des Buddhismus. Da die buddhistische Lehre das Töten verbot, untersagte Shōmus Tochter, die Kaiserin Kōken, für kurze Zeit sogar das Töten von Tieren und entschädigte Jäger und Fischer aus der kaiserlichen Schatztruhe für den entgangenen Lebensunterhalt.

Als im Land eine Pockenepidemie ausbrach, bat Shōmu um

Festlich gekleidete Edelleute spielen unter Pinienbäumen das Brettspiel Go, das zuerst in China, dann in Japan sehr beliebt war. Ein unbekannter Künstler aus dem 8. Jh. malte diese Szene auf ein Ledermedaillon, das eine Laute schmückte.

Kichijō-ten hatte im Pantheon des japanischen Buddhismus einen wichtigen Platz inne: sie konnte nicht nur Sünden vergeben, sondern auch die Gläubigen belohnen. Auf diesem Porträt aus dem 8. Jh. gleicht sie in ihrem reichgeschmückten Gewand und den zarten Schleiern eher einer eleganten Hofdame als einer überirdischen Gottheit. In der linken Hand hält Kichijō-ten einen großen Edelstein.

göttlichen Beistand und beschloß, einen buddhistischen Tempel zu stiften, den Tōdaiji. Hier sollte auch die gigantische Statue des Großen Buddha Rushana (Vairocana), des Symbols der geistigen Einheit des Universums, entstehen, der über Myriaden von Reichen und untergeordnete Buddhas herrschte. Shōmu forderte das ganze Land zur Unterstützung des Projekts auf. Die Reichen ersuchte er um Geld, die Bauern um »ein Büschel Gras« für den Brennofen oder »eine Handvoll Lehm« für die Gußformen. Auf seinen Befehl wurden sämtliche Bronzegegenstände im Reich für die Riesenstatue eingeschmolzen. In zwei Jahren erreichte sie in einundvierzig Einzelabschnitten eine Höhe von sechzehn Metern. Weitere eineinhalb Jahre dauerte der Guß der 966 Locken für das Buddhahaupt. Die schwierigste Arbeit jedoch – die Gestaltung des schmückenden Beiwerks und das Vergolden – nahm zwei Jahrzehnte in Anspruch und erschöpfte Japans Goldvorrat. Doch genau im richtigen Augenblick entdeckte man eine neue Goldmine, was allgemein als Wunder betrachtet wurde. Insgesamt sollen für die Statue drei Millionen Pfund Kupfer, Zinn und Blei und etwa dreizehnhundert Pfund Gold benötigt worden sein.

Am 9. April 752 begab sich Shōmu in einer feierlichen Prozession zum Tempel des Großen Buddha, wo zehntausend Priester das Weihezeremoniell erwarteten. Das Innere des Tempels war mit karmesinroten Teppichen geschmückt, und die von Weihrauchwolken umschwebte Statue schimmerte im Licht der Kerzen. Würdevoll stieg Shōmu über ein Gerüst zum Haupt des Buddha empor, das sich hoch über allen erhob. Er ergriff einen Pinsel, der an einer unendlich langen und von Tausenden von Händen gehaltenen Seidenkordel hing. Damit waren die Anwesenden symbolisch mit dem Kaiser verbunden, als dieser in der feierlichen Zeremonie des »Augenöffnens« die schwarzen Augen des Buddha aufmalte.

Als Shōmu im Jahr 756 starb, brachte Kōmyō seine Besitztümer in das Shōsōin genannte kaiserliche Schatzhaus auf dem Gelände des Großen Buddha-Tempels. Zwölf Jahrhunderte lang überwachten die japanischen Kaiser persönlich das Shōsōin, dessen Tore mit dem Siegel des regierenden Tenno verschlossen waren und nur einmal im Jahr geöffnet wurden. In seinem Schutz haben sich einige von Shōmus Gemälden, Musikinstrumenten, Roben und Einrichtungsgegenständen als nationale Kostbarkeit bis heute erhalten.

DER VERSIEGELTE SCHATZ

Im Jahr 757, ein Jahr nach Kaiser Shōmus Tod, trugen Trauergäste bei einem Gedenkgottesdienst diese an einem Banner befestigte chintaku *oder Friedensglocke.*

Kaiser Shōmu gründete in Nara den Tōdaiji, einen gewaltigen Tempelkomplex, wo er zusammen mit Kaiserin Kōmyō feierliche Zeremonien beging. Unter den Edelleuten des 8. Jhs. waren Einladungen in den Palast des Kaiserpaars hochbegehrt. Die religiösen Feiern, tänzerischen und dramatischen Darbietungen, die Bankette und Jagden waren unvorstellbar prächtig und verschwenderisch ausgerichtet.

Shōmu sammelte Tausende von schönen Dingen, die seinen Palast und die Tempel schmückten. Er förderte die japanischen Kunsthandwerker und Künstler sowie den Handel mit exotischen Kostbarkeiten, die aus Persien, Indien und China kamen. Als gläubiger Buddhist vergab Shōmu viele Aufträge für religiöse Kunstwerke, wobei seine Vorliebe besonders den vergoldeten Plastiken von Gottheiten galt. Als Shōmu im Jahr 756 starb, ließ seine Witwe jene Kostbarkeiten, die dem Kaiser besonders am Herzen lagen – vor allem Musikinstrumente, Keramiken und kunstvoll lackierte Möbelstücke –, zusammentragen und stiftete sie dem Tōdaiji, wo sie im kaiserlichen Schatzhaus Shōsōin verwahrt wurden.

Hier und auf den folgenden Seiten sind einige dieser Kostbarkeiten abgebildet: eine Laute, die ebenso prächtig aussieht, wie sie klingt, eine reich verzierte achteckige Schatulle und eine kunstvoll lackierte Weihrauchpfanne. Shōmus Schatzhaus läßt ahnen, mit welchem Aufwand die Feiern im Tōdaiji und am Hof von Nara begangen wurden.

Musikinstrumente dienten der höchsten Vergnügung am kaiserlichen Hof von Nara – der Musik. Die aus Kastanien- und rotem Sandelholz gefertigte Laute (links) könnte Kaiser Shōmu im 8. Jh. aus China bekommen haben. Die Intarsien aus Schildpatt und Perlmutt – ein musizierender Kamelreiter unter einer Bananenstaude (Detail rechte Seite) – lassen darauf schließen, daß dieses Instrument aus einem weit entfernten Gebiet stammt.

Auf diesem banjoähnlichen genkan, *einem der Lieblingsinstrumente des Kaisers Shōmu, wurde bei festlichen Anlässen im kaiserlichen Palast aufgespielt. Perlmuttintarsien in vielfältiger Anordnung schmücken dieses aus rotem Sandelholz gefertigte* genkan. *Auf der Rückseite des Instruments (unten) halten zwei Papageien, für die Japaner exotische Vögel, Edelsteinketten in den Schnäbeln, wie sie nur von hochgestellten Persönlichkeiten getragen wurden.*

Blumen, Vögel und Blattwerk, prachtvolle Perlmutt- und Schildpattintarsien schmücken die Außenseiten dieses aus dem Holz eines Maulbeerbaums gearbeiteten achteckigen Kästchens (Detail rechte Seite). Es stand im Schlafzimmer des Kaisers, der vermutlich einen Handspiegel aus Bronze darin aufbewahrte. Nach dem Glauben der Japaner gab ein Spiegel Auskunft über die Reinheit der Seele seines Eigentümers.

Die Höflinge im Nara des Kaisers Shōmu vergnügten sich oft beim Go-Spiel. Dieses schöne Spielbrett aus Sandelholz mit Elfenbeinintarsien legt Zeugnis ab von der Eleganz des kaiserlichen Palasts. Auf dem mit Elfenbein eingelegten Spielfeld kämpften die beiden Gegner mit schwarzen und weißen Steinen, die in den halb verdeckten Schildkrötenpanzern an beiden Seiten aufbewahrt wurden. Verschiedene Tiere, darunter auffliegende Vögel, aber auch Blumen verzieren die Felder an den Seiten.

Wohlgerüche entstiegen bei religiösen Zeremonien im Tōdaiji solchen Räucherpfannen. Ein Löwe, eine Lotosblume aus vergoldetem Kupfer und Blumen mit Bergkristallen schmücken dieses Gefäß aus rotem Sandelholz, das vielleicht bei Shōmus Beisetzung als Weihrauchgefäß diente.

Aus einer bronzenen Räucherpfanne, die zu Ehren Buddhas Weihrauch verströmte, sprießt eine über 50 cm breite Lotosblüte. Die zweiunddreißig bunten Blütenblätter rings um die Pfanne sind kunstvoll bemalt und lackiert. Löwen, Vögel und Blumen schmücken die Blätter des Lotos, der die Erde symbolisiert.

II

DIE HOFDAMEN VON KYŌTO

DAS NOBLE LEBEN IN DER HEIAN-PERIODE

»In der Morgenfrühe, als ein bleicher Mond noch am Himmel hing, gingen wir hinaus in den Garten, über dem dick der Nebel lag … Ihre Majestät erhob sich, und alle Damen ihres Gefolges begleiteten uns in den Garten. Während wir vergnügt promenierten, rötete sich allmählich der Horizont … ›Sie haben sich also den Mond beschaut‹, sagte ein Edelmann mit bewundernder Stimme und komponierte ein Poem zum Lob des Mondes.«

So beschreibt im 10. Jahrhundert Sei Shōnagon, eine Hofdame der Kaiserin Sadako, in ihrem »Kopfkissenbuch« – eine Vignetten-Sammlung des höfischen Lebens – einen frühmorgendlichen »Spaziergang«. Die Schilderung wirft etwas Licht auf das Leben und die Vorstellungswelt der adligen Hofgesellschaft – ihren überfeinerten Geschmack, ihre Liebe zur Natur und ihre romantische Suche nach Schönheit. Der bleiche, untergehende Mond, der sein letztes Licht auf den in Morgennebel gehüllten Garten wirft, kurz bevor die heraufdämmernde Sonne ihn verzehrt, ergibt eine Szenerie von so fragiler und flüchtiger Schönheit, wie sie das Herz der höfischen Gesellschaft besonders anrührte.

Dieses Stimmungsbild stammt aus Heian-kyō, der im späten 8. und frühen 9. Jahrhundert erbauten und später Kyōto genannten neuen Hauptstadt. Im Jahr 784 hatte Kaiser Kammu sich entschlossen, seinen Sitz von Nara nach Nagaoka zu verlegen, um sich den politischen Einmischungen der buddhistischen Klöster

Dieses Porträt der Dichterin Ko-ō-gimi mit aufgemalten Augenbrauen und langen Haaren schmückt eine Bildrolle mit biographischen Schilderungen.

Dieses Gemälde mit dem schindelgedeckten Haus unter einem roten Ahornbaum erinnert an einen poetischen Wettstreit, bei dem die Dichter die Landschaft einer bestimmten Region beschreiben sollten. Die im Innern des Hauses bei der Arbeit sitzende Dichterin wärmt sich an einem kleinen Feuer, denn es ist Herbst, die melancholischste aller Jahreszeiten.

um Nara zu entziehen. Aber zehn Jahre später entschied er sich für ein liebliches Tal als endgültigen Ort seiner neuen Hauptstadt. Seine Architekten und Aufseher legten dort ein 4800 auf 5300 Meter großes Geviert an, das von achtzehn breiten Straßen aufgeteilt wurde. Heian-kyō, die »Stätte des Friedens und der Seelenruhe«, gab der Heian-Periode ihren Namen – Kyōto war zu dieser Zeit die Heimat einer glanzvollen höfischen Gesellschaft unter der Herrschaft der Fujiwara-Familie.

Die Noblen der Stadt widmeten sich den Freuden der Liebe und der Kunst. Im neuen und eigenständigen japanischen Stil schufen die Künstler für die Ästheten in der Stadt meisterliche Skulpturen, Gemälde und kunsthandwerkliche Kostbarkeiten. Die Maler richteten ihr Augenmerk beispielsweise viel stärker auf das japanische Leben als auf religiöse Themen nach dem Vorbild der aus China übernommenen buddhistischen Kunsttradition. So malten sie Szenen aus wohlhabenden Häusern, die es dem Betrachter gestatteten, aus der Vogelperspektive ins Innere der Räume zu blikken, als ob man die Dächer zur Seite geschoben hätte.

Der Lack gehörte zu den bevorzugten Materialien im kunstgewerblichen Bereich. Mit diesem klaren Firnis überzogen Künstler und Kunsthandwerker Schminktöpfchen- und fläschchen, Tische, ja sogar Sättel. Zum Teil wurden diese Gegenstände zuerst mit Perlmutt eingelegt oder mit glitzerndem Gold- und Silberstaub bearbeitet, bevor man schichtweise den klaren Lacksaft (das Harz eines Baumes) auftrug, was zu faszinierenden Farbeffekten führte.

Die Höflinge hatten eine besondere Vorliebe für subtile Farbkombinationen, vor allem wenn es um ihre Kleidung ging. Nicht nur die Damen, sondern auch die Herren hüllten sich in mehrere Lagen von Seidentüchern, jede in einer anderen Farbnuance. Wenn sich die Damen in ihren geschlossenen, von Ochsen gezogenen Wagen durch die Stadt kutschieren ließen, stellten sie gern ihre reich verzierten Ärmel zur Schau – eine als höchst erotisch empfundene Geste. Sei Shōnagon beschreibt in ihrem »Kopfkissenbuch« die Attraktivität eines kostbar gekleideten Mannes: »Wie bezaubernd ist der Anblick eines jungen Mannes in bortenbesetzten Hosen von dunklem Purpur und einer prächtigen Hofrobe über farblich abgestimmten Gewändern, wenn er den grünen Laden aufstößt und sich ins Zimmer einer Dame beugt.«

In diesem kultivierten Kreis wurde jeder zum Poeten. Liebende korrespondierten in Versen, Beamte ersuchten in Gedichtform um eine Gunst, und jedes noch so triviale Ereignis fand seinen Niederschlag in einigen Lyrikzeilen, die am Hof von Hand zu Hand gingen. Diese ganz und gar literarische Atmosphäre, in der ein paar Tuschzeichen auf Farbpapier als Kostbarkeit galten und die Höflinge sich selbst zu den Helden ihrer täglichen Versproduktion machten, verwischte die Grenzen zwischen Leben und Kunst.

Die beiden berühmtesten Literaten der Heian-Periode waren Frauen: Sei Shōnagon und Murasaki Shikibu. Beide waren führend in der Entwicklung einer eigenständigen japanischen Literatur. Die meisten ihrer männlichen Kollegen schrieben weiterhin Chinesisch; sie dagegen entwickelten eine lebendige japanische Prosaliteratur, frei von den Fesseln der archaischen chinesischen Gattungen. Die Dame Murasaki ist die Autorin der »Geschichte vom Prinzen Genji«, eines der frühesten und berühmtesten Romane der Weltliteratur, in welchem sie die Liebesaffären und Intrigen der Gesellschaft von Kyōto aufzeichnete. Vielleicht war das Vorbild für den Prinzen Genji der Regent Michinaga, ein Mitglied der Fujiwara-Familie, die hinter dem Thron die Fäden zog und diese faszinierende Periode prägte.

Die Macht der Fujiwara beruhte auf ihrem großen und ständig wachsenden Reichtum. Noch immer waren Grund und Boden die wichtigsten Einnahmequellen in Japan, und damit war diese Familie wohlversorgt. Die meisten Ländereien waren ihr von verschiedenen Kaisern für besondere Verdienste überlassen worden. Dadurch verlor der Thron nicht nur immer mehr an Boden, sondern auch an Einnahmen, da diese Schenkungen von der Steuer befreit waren. Während also der Reichtum der Fujiwara ständig wuchs, verarmten die Kaiser und wurden von dieser Familie immer abhängiger, da nur noch sie die Kosten des Hofs bestreiten konnte.

Die Fujiwara aber setzten ihre Macht nicht für politische Zwekke ein. Weder stürzten sie sich in größere militärische Abenteuer, noch versuchten sie, die Verwaltung im Innern zu zentralisieren. Nach chinesischem Vorbild lebte der gesamte Hof sehr isoliert vom übrigen Land. Der Kaiser und seine höchsten Beamten sahen ihre vornehmste Pflicht in der genauen Befolgung höfischer Rituale. Erschienen Abgesandte aus den Provinzen, um Bericht über die Ernte zu erstatten, so kümmerten sich die kaiserlichen Mini-

In einer mondhellen Nacht erscheint ein Fujiwara-Edelmann überraschend bei den Hofdamen im kaiserlichen Palast zu Besuch. Murasaki Shikibu, die große Dichterin der Heian-Periode, hielt in ihrem Tagebuch fest, daß der Edelmann und sein Begleiter trotz verführerischer Gesänge und Neckereien die Damen nicht zum Öffnen ihrer Türen bewegen konnten.

ster vor allem um die formale Richtigkeit der Dokumente – beispielsweise ob die Siegel ordnungsgemäß angebracht waren und die Unterschriften an der richtigen Stelle standen. Auch auf die Redegewandtheit und die Kleidung der Abgesandten wurde sehr geachtet. Ob die Ernte gut oder schlecht ausgefallen war – solche Kleinigkeiten interessierten sie weniger; das war Sache der untergeordneten Beamten.

Hofdokumente wurden in einer nur wenigen geläufigen Version des Chinesischen abgefaßt. Der Streit über die exakte Formulierung eines solchen Dokuments stürzte Kyōto im 9. Jahrhundert fast ins Chaos. Damals wollte Kaiser Uda Fujiwara Mototsune mit der Regierungsgewalt betrauen und beauftragte einen Hofgelehrten mit der Ausfertigung des entsprechenden Dokuments. Dieser verwendete in einem Absatz das archaische chinesische Wort *ako*, das wörtlich »Vertrauen auf Gerechtigkeit« bedeutet. Dieses Wort diente lediglich zur literarischen Ausschmückung des Textes, so wie moderne Redenschreiber gern Shakespeare zitieren. Doch die im Dienste Mototsunes stehenden Gelehrten interpretierten *ako* in einem engeren Sinn, woraus sie folgerten, der Kaiser wolle ihrem Herrn keine wirkliche Exekutivgewalt übertragen, sondern nur die moralische Autorität. Um zu demonstrieren, daß man einen energischen, mit Vollzugsgewalt ausgestatteten Regenten brauchte, jagte Mototsune eine Herde wilder Pferde durch die Straßen und enthüllte damit die Machtlosigkeit des Kaisers. Dieser berief daraufhin eine Gelehrtenversammlung ein, in der alle Auslegungsmöglichkeiten von *ako* durchdiskutiert wurden – was mehrere Monate in Anspruch nahm. Inzwischen herrschte in der Stadt die Anarchie.

Das war für die Einwohner nichts Neues, denn es war ein offenes Geheimnis, daß der Kaiser über so gut wie keine militärische Macht verfügte. Wohl gab es eine Kaiserliche Garde zum Schutz des Herrschers und der Hauptstadt, aber ihre Soldaten waren kaum mehr als bewaffnete Streuner und nicht weniger gefährlich als die Banditen, die sie in Schach halten sollten. Sie galoppierten wild durch die Straßen der Stadt, tyrannisierten die Einwohner und nahmen sich, was sie brauchen konnten. Einmal blockierten sie die Stadttore, weil sie keinen Sold erhalten hatten. Da es keine nennenswerten Ordnungshüter gab, konnten sich die Diebe und Banditen in Kyōto frei bewegen; von Zeit zu Zeit drangen sie so-

DIE TYRANNEI DER ETIKETTE

Die hochgeborene Dame des 12. Jhs. genoß große sexuelle und intellektuelle Freiheiten. Das zeigte sich auch darin, daß sie in allen zeitgenössischen Amüsements mit den Männern konkurrierte, und zwar ebenso in Wettbewerben, bei denen es um ästhetische Kennerschaft und Kritikfähigkeit ging, wie in mannigfachen Intrigen romantischer und politischer Art. Eine vornehme Dame kannte sich außerdem in der Kunst und Wissenschaft aus. So trugen die Dichterinnen dieser Zeit zum Beispiel wesentlich zur Verbreitung der ersten japanischen Silbenschrift bei und verhalfen vor allem mit ihren Gedichten der japanischen Literatur zu hoher Geltung. Gleichzeitig aber sorgte die bis ins letzte festgelegte und streng überwachte Hofetikette Kyōtos für ein höchst förmliches Verhalten zwischen den Geschlechtern. Die Frauen lebten dort in klösterlicher Abgeschiedenheit und mußten ihre ganze weibliche Schläue einsetzen, um sich gegen die Überspanntheiten eines rigiden Moralkodex zu behaupten.

So galt es als äußerst unschicklich, wenn eine Dame aufrecht stand; in der vornehmen Welt betrachtete man den menschlichen Körper mit Abscheu; genauso wie weiße Zähne oder eine gesunde Hautfarbe Frauen nicht anstanden. Begab sich eine Dame in Gesellschaft, schwärzte sie sich die Zähne, puderte das Gesicht kalkweiß und hüllte ihren Körper in zwölf verschiedenfarbene Kimonos. Die an Handgelenken, Nacken und Saum sichtbar werdenden Farbschattierungen gaben Auskunft über die Eleganz und Raffinesse ihrer Trägerin und manchmal auch über ihre gesellschaftliche Stellung.

Die Dichterin Saigū Nyōgo hat sich auf einer Matte ausgestreckt, umhüllt von ihren Kimonos und die Schreibschatulle in Reichweite. Die Vorhänge schützen sie vor zudringlichen Blicken, aber sie lassen verstohlene Handberührungen oder den Austausch von Liebespfändern zu.

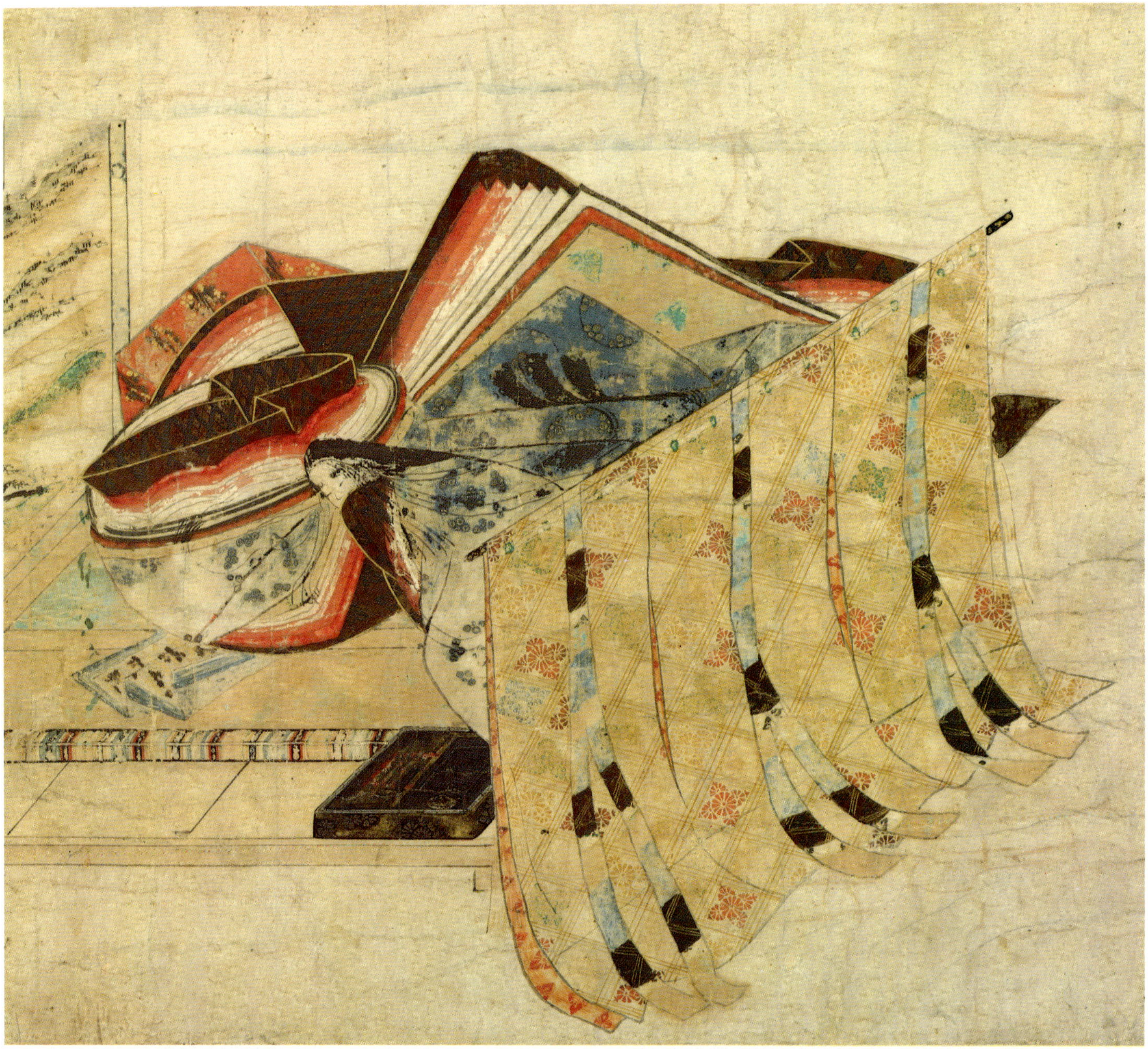

gar in den Palast ein. Sie plünderten, legten Brände und töteten, ohne daß sie zur Rechenschaft gezogen wurden.

Die vom Buddhismus genährte Aversion der Kaiser gegen physische Gewalt machte alles noch schlimmer. Im übrigen wußten die Kaiser kaum, was in der Stadt vorging. Einer von ihnen besuchte einmal das Armenviertel und stieß dort auf ein Gebäude voller Männer. Als er wissen wollte, welche Funktion dieser seltsame Bau habe, erklärte man ihm, es sei das Gefängnis. Daraufhin ließ der Kaiser sämtliche Insassen frei, und der Mob feierte ihn mit begeisterten Banzai-Rufen.

In den Provinzen herrschte ein ähnliches Chaos. Die Straßen, die die Hauptstadt mit dem übrigen Land verbanden, waren kaum mehr als ausgetretene Pfade. Eine Reise von ein paar hundert Kilometern dauerte Monate. Die Kaiser hatten also keine Möglichkeit, ihre Macht auf das Land auszudehnen, selbst wenn sie es gewollt hätten. Die Provinzfürsten mußten sehen, wie sie allein mit den Schwierigkeiten fertig wurden. Einmal erreichten Berichte von einem Aufstand in einer Provinz die Hauptstadt, aber der Hof verschob die Entsendung eines Entsatzheers immer wieder, weil die Auspizien für eine Reise nicht günstig waren. Und als koreanische Piraten Städte an der Westküste belagerten, gelang es dem Hof, sich jeder Ausgleichszahlung an die erfolgreichen Verteidiger zu entziehen, unter dem Vorwand, diese hätten nicht auf die offiziellen Befehle gewartet, bevor sie sich zur Wehr setzten.

Die Gleichgültigkeit der Kaiser gegenüber allem, was außerhalb ihrer Hauptstadt geschah, erlaubte es den Provinzfürsten, ihre Regionen völlig eigenmächtig zu regieren, wobei sie immer mächtiger und reicher wurden. Das blieb den Fujiwara natürlich nicht verborgen. Diese Familie verfügte über das politische Talent, immer wieder Schwächen in Stärke zu verwandeln. So kam im späten 10. Jahrhundert Fujiwara Michinaga der Gedanke, daß sich mit der richtig eingesetzten Macht der Provinzfürsten das Chaos in der Hauptstadt beseitigen ließ. Zuerst allerdings mußte er sich noch eines Rivalen aus der eigenen Familie entledigen.

Geschickt bediente er sich einer Liebesaffäre, um seine Machtposition auszubauen. Fujiwara Korechika, sein Rivale um die Regentschaft, hatte ein Verhältnis mit einer Dame, die mit der Geliebten des Ex-Kaisers Kazan zusammenlebte. Michinaga setzte nun das Gerücht in Umlauf, Kazan besuche Korechikas Geliebte.

Der Fujiwara-Staatsmann Michinaga betrachtet mit Wohlgefallen die über seinen Zierteich gleitenden luxuriösen Barken im chinesischen Stil, die am Bug mit Phönix- oder Drachengestalten geschmückt sind. Die Boote wurden zu Ehren von Kaiser Ichijō gebaut, der Michinaga einen Besuch abzustatten versprach.

Dieser wollte sich Gewißheit verschaffen und versteckte sich im Garten seiner Geliebten. Als Kazan erschien, schoß Korechika einen Pfeil auf ihn ab, der des Exkaisers Ärmel streifte – ein schweres Vergehen, das ihm Verbannung einbrachte und für Michinaga den Weg zur Macht freigab.

Michinaga regierte in den Jahren 995 bis 1028 im Schatten des Throns von fünf Kaisern und steigerte den Wohlstand der Fujiwara ins Unermeßliche. Durch ein Bündnis mit den Minamoto, einer Sippe zäher Krieger aus der Provinz, war es ihm möglich, dem Chaos in der Hauptstadt ein Ende zu bereiten. Die Minamoto-Krieger verschafften sich als »Nägel und Zähne« Michinagas schnell Respekt. Sie befriedeten nicht nur Kyōto, sondern vereitelten auch jeden Versuch der Kaiser, Michinaga aus seinem Amt zu verdrängen.

Gemäß der Fujiwara-Tradition konsolidierte Michinaga seinen Einfluß auf den Thron durch Heirat. Er war der glückliche Vater von vier Töchtern. Eine von ihnen stattete er mit einem prächtigen Palast aus, und mit zwölf Jahren wurde sie die Geliebte des Kaisers Ichijō. Michinagas eiserne Hand setzte ihm so zu, daß er im Jahr 1011 im Alter von einunddreißig Jahren abdankte und kurz darauf starb. Auch sein Nachfolger Sanjō kam durch eine Michinaga-Tochter unter das Joch. Insgesamt waren vier Kaiser seine Schwiegersöhne und drei seine Enkel.

Unter Michinaga blühte das gesellschaftliche Leben in der Kaiserstadt auf. Dichter besangen Kyōto als »Stadt der purpurnen Hügel und kristallenen Ströme«, da sie auf drei Seiten von schützenden Bergen umgeben war und entlang der östlichen und der westlichen Mauern ein Fluß vorbeiströmte. Kanäle in der Mitte der Prachtstraßen brachten ihr Wasser bis ins Zentrum der Stadt. In ihm spiegelten sich die entlang der Bankette gepflanzten Weidenbäume. Ihre Kronen schimmerten wie grüne Edelsteine, wenn sich das Sonnenlicht in ihnen brach. Zumindest erschien es so einem Dichter aus Kyōto. Entlang dieser Prachtstraßen erstreckten sich die Anwesen der Reichen. Durchschnittlich umfaßten die Grundstücke 14000 Quadratmeter, überzogen von Komplexen einfacher Holzbauten, die durch überdachte Wandelgänge miteinander verbunden waren und umgeben von strengen Gärten mit gerechtem Kies und eingetopften Bäumen. Im Gegensatz zu chinesischen Häusern, bei denen zwischen dem Innern und dem

DIE FLÜCHTIGKEIT ALLER FREUDEN

Im frühen 11. Jh. schrieb die Tochter einer wenig bekannten Zweigfamilie der Fujiwara eine sehr umfangreiche Erzählung mit dem Titel »Geschichte vom Prinzen Genji«. Murasaki Shikibu stellte sich damit an die Spitze der Prosadichter ihrer Zeit. Ihr Werk kann als erster psychologischer Roman der Weltliteratur betrachtet werden. Im Stil der auch von anderen Hofdamen geführten Tagebücher berichtet sie realitätsnah über das Leben der höfischen Gesellschaft von Kyōto. Die Gelegenheit, das Verhalten, die Leidenschaften und den Aberglauben ihrer hochgestellten Zeitgenossen aus der Nähe zu betrachten, bekam sie durch den berühmten Michinaga, einen Vetter fünften Grades, der sie als Zofe für seine Tochter Akiko bestellte, der Mätresse Kaiser Ichi jōs.

Der Held und die Hauptfigur des Werks ist Prinz Genji, Sohn der Lieblingskonkubine des Kaisers und tugendhaftes Vorbild am Hof von Kyōto. Er ist ein hervorragender Zitherspieler und Tänzer und widmet sich höchst ungern seinen Regierungspflichten, da sie ihn von seinen komplizierten Liebesaffären abhalten. Seine diskreten Erfolge bei einer Vielzahl von Damen haben teilweise ihre Wurzeln im buddhistischen Glauben von der Vergänglichkeit aller irdischen Freuden. Am Ende des Romans und nach Genjis Tod tritt ein Sohn aus der einzigen außerehelichen Beziehung seiner Gattin in den Mittelpunkt der Handlung: Prinz Kaoru, mit der schweren und bitteren Erkenntnis, daß auf dieser Welt kein wahres Glück zu finden ist.

Prinz Genji wiegt das neugeborene Kind seiner Frau in den Armen, verzehrt von schmerzlicher Gewißheit, daß Kaoru nicht sein Sohn ist. Zur Feier der Geburt sind rote Tische mit Speisen aufgestellt, und im Vordergrund warten schüchtern zwei Damen auf seine Befehle. Die leuchtenden Farben und die Vogelperspektive dieser Szene aus der »Geschichte vom Prinzen Genji« sind typisch für die Bildgeschichten dieser Periode.

Garten eine scharfe Trennung bestand, schienen die Häuser von Kyōto zwanglos in die Gärten überzugehen. Auf der Gartenseite besaßen die Gebäude und Wandelgänge Jalousien, die bei schönem Wetter aufgezogen wurden und den Blick in den Garten freigaben. Die von den Flüssen vor der Stadt gespeisten künstlichen Kanäle wurden von hölzernen Stegen überspannt. Bei Gesellschaften ließen die Gastgeber Schalen mit Wein über diese Flüßchen treiben. Wer Lust hatte, bediente sich und setzte dann das Schiffchen wieder aus, damit auch andere ihren Durst stillen konnten. Vom Wein beschwingt gab man sich poetischen Gefühlen hin und komponierte unter einem prallen gelben Mond Verse voll romantischer Melancholie. In manchen Gärten hatte man große Steine aufgestellt, die Schatten im Mondlicht warfen und den Eindruck erweckten, als ankerten Schiffe in den schwarzen Wassern eines Hafens.

Diese Abendgesellschaften boten genügend Gelegenheiten für ein Rendezvous. Und öfter mag es vorgekommen sein, daß zu später Stunde ein feuriger Liebhaber noch an den Laden der Angebeteten pochte. »Der Besuch eines Liebhabers ist die schönste Sache der Welt«, schrieb Sei Shōnagon. »Handelt es sich aber nur um eine flüchtige Bekanntschaft, wird das leicht zum Ärgernis.«

Die Zimmer der japanischen Häuser waren lediglich durch dünne Papierwände voneinander getrennt. Nicht gerade ideal für ein intimes Zusammensein, um so mehr aber für Lauscher und Intriganten. Um sich davor zu schützen, besaßen manche Häuser »singende Dielenbretter«, die unter dem leisesten Schritt knarrten und jeden Eindringling verrieten.

Die Gemächer der Reichen waren schlicht, aber elegant möbliert. Häufig zierten Malereien die Trennwände, die von einer solchen Kunstfertigkeit waren, daß selbst chinesische Besucher sie bestaunten. Hatte eine Dame einen Herrn zu Gast, sprach sie mit ihm durch einen beweglichen Schirm, der sie seinem Blick entzog. Diese Schirme bestanden aus Seide und waren mit Landschaften bemalt. Ihr unterer Rand war lose, so daß die Dame und ihr Verehrer Gedichte austauschen konnten, wobei sich vielleicht ein Blick auf einen Brokatärmel erhaschen ließ.

Die Reichen Kyōtos amüsierten sich auf vielfältige Weise. So veranstalteten sie Wettbewerbe im Schreiben von Liebesbriefen oder Versrätseln. Oder man versuchte bestimmte Düfte zu erra-

Eine hochgestellte Dame, die mehrere Kimonos übereinander trägt, hat sich aus dem gesellschaftlichen Treiben von Kyōto in ein Bergkloster zurückgezogen, um die heiligen Schriften Buddhas zu studieren. Links von ihr sieht man einen Mönch mit einem Teebrett; ein anderer meditiert unter einem Baum in einem von Nebel umflossenen Unterstand.

ten, wobei es darauf ankam, die verschiedenen Ingredienzien zu bestimmen. Entsprechend den Jahreszeiten traf sich die noble Gesellschaft vor der Stadt, um die Kirschblüte zu bewundern oder dem Zirpen der Grillen zu lauschen. Im Winter schmückte man die Bäume mit Blüten, um sich an den Sommer zu erinnern; dafür sammelte man an kühlen und schattigen Stellen Schnee, der sich bis in die warme Jahreszeit hinein hielt und die Erinnerung an den Winter heraufbeschwor.

Der Hofkalender wies zahllose religiöse Festtage auf. Allerdings war der Besuch eines buddhistischen Tempels ebenso ein ästhetisches wie religiöses Erlebnis. Die Bildhauer Kyōtos waren berühmt für ihre hölzernen Buddha-Statuen, die sie mit Goldfolie überzogen, um dann mit weißer Farbe noch besondere Akzente zu setzen. Die Statuen wurden unter vergoldeten hölzernen Baldachinen aufgestellt, deren durchlöcherte Seitenwände Flammen, Blumen, Wolken und buddhistische Heilige darstellten. Das von den Künstlern entworfene Paradies glich nicht selten dem prächtigen Hof von Kyōto. Man machte Musik, spielte und tanzte, und die Heiligengestalten glitzerten von Edelsteinen.

Der prächtigste Tempel Kyōtos war der Hōjōji, den Michinaga zu seiner letzten Ruhestätte erwählte. Seine Einweihung im Jahr 1022 war Anlaß zu einem verschwenderischen Fest. Zum Kummer der Hofdamen ordnete Michinaga allerdings an, daß niemand mehr als sechs Seidenroben übereinander tragen dürfe. Die Gäste ergötzten sich bei diesem Fest rund um einen spiegelklaren See, auf dem Lotusblüten schwammen, in deren Mitte jeweils eine kleine Buddhastatue saß. Das Wasser spiegelte Edelsteingirlanden wider, die in den Ufersträuchern hingen, und auf einer Insel in der Mitte des Sees paradierten bunte Pfauen.

»Wenn ich bedenke«, schrieb Michinaga in einem Gedicht, »ist die Welt tatsächlich meine Welt. Ich bin wie der volle Mond, keine Wolke verhüllt meinen Glanz.« Michinagas Leben, das 1028 endete, war tatsächlich wolkenlos. Andere in Kyōto jedoch fragten sich ängstlich, was aus ihrer zugleich wunderschönen wie gefährdeten Welt werden sollte, wobei sie nicht zuletzt an Michinagas »Nägel und Zähne« denken mochten. Ihr Lebensgefühl wurde von den Worten *mono no aware* bestimmt – der Trauer angesichts der Flüchtigkeit aller Dinge.

KOSTBARKEITEN AUS PAPIER UND TUSCHE

Ein Lotos und das Symbol für A auf der Brust eines Buddhisten. Ausschnitt aus einer Bildrolle, die die Meditation über dieses Schriftzeichen des Sanskrit erläutert.

Die literarisch stark engagierte japanische Aristokratie des 10. und 11. Jhs. schätzte von allen Künsten die der Kalligraphie am höchsten. Die Qualität des Strichs, die Tönung der Tusche und die Anordnung des Textes waren unmittelbarer Ausdruck der Geisteshaltung des Kalligraphen. Makelloses, manchmal eingefärbtes Papier, bestreut mit glitzerndem Staub oder Gold- und Silberplättchen, bildete den Untergrund für jede kalligraphische Komposition. Die Schönheit der gelungenen ästhetischen Gesamtkonzeption konnte nicht nur Sinnbild der buddhistischen Schöpfungsvision sein, sondern auch Ausdruck der sittlichen Größe ihres Autors. Die unterschiedlichen Manuskriptformen dienten bestimmten magischen Zwecken – auf religiösem, literarischem oder erotischem Gebiet. Die Dame oder der Herr, die selbst buddhistische Schriften kopierten oder Kopien in Auftrag gaben, rückten damit auf dem »Weg der Erleuchtung« ein kleines Stück weiter. Und auch die kalligraphische Qualität eines Gedichts oder eines Liebesbriefs ging weit über die Bedeutung der Wörter hinaus und besaß einen besonderen magischen Reiz.

Je nach Zweck wählten die Kalligraphen unter den verschiedenen Silbenschriften, Pinsel- und Tuschtechniken. Es zählte zu den Privilegien der Männer, sich vor allem dem Studium der chinesischen Literatur zu widmen und die chinesischen Schriftzeichen zu gebrauchen. Damen dagegen schrieben in der der japanischen Phonetik angepaßten einheimischen Kana-Schrift (Silbenschrift) über höfische Themen. Frei von der formalen Beschränkung der chinesischen Schrift, entwickelte sich die Kana-Schrift zu einem harmonisch fließenden Schriftbild, das subtile ästhetische Nuancen ermöglichte.

Eine gute Handschrift wurde gleichgesetzt mit der Verehrung von Schönheit und wahrer Religiosität, so daß die Herren der Oberschicht immer einige Blatt Übungspapier bei sich trugen. Und eine Dame, die den Tuschpinsel verschmähte, zog sich die Verachtung aller zu.

Im 11. Jh. stellte der Gelehrte Kintō aus der Fujiwara-Familie auf Anordnung Kaiser Ichijōs eine Sammlung der von ihm am meisten geschätzten japanischen Verse zusammen. Seine Anthologie der »Sechsunddreißig unsterblichen Dichter« enthielt auch die links abgebildete Seite mit der sanft fließenden Kana-Schrift, die auf eine mit bewaldeten Bergen und vorbeiziehenden Enten bemalte Collage aufgetragen wurde. Dabei handelt es sich um eine inhaltlich und formal höchst anspruchsvolle, in Versen gefaßte Unterhaltung zwischen der Dichterin Ise Osuke und einem früheren Verehrer, der nach Jahren der Trennung wieder ihr Interesse zu wecken versucht.

Doch seine Briefe blieben ohne Antwort. Schließlich schreibt er:

Kehrten sie zurück,
Um nie wieder zu ziehn,
Die kleinen Vögel an der Küste?
Und Sie würden gestehn,
Ihre Spuren bemerkt zu haben.

Und sie antwortet:

Sie verschwenden keinen Gedanken
An die Jahre, die vergangen sind,
Die kleinen Vögel an der Küste.
Und wenn sie blieben,
Wären sie wert, bemerkt zu werden?

あめのしためくみにもれし
きくはけふまてのゆく
ゝこゝろもめや
あめのとこゝろまよ
みな手に三月の中宮の
ときの所御
云

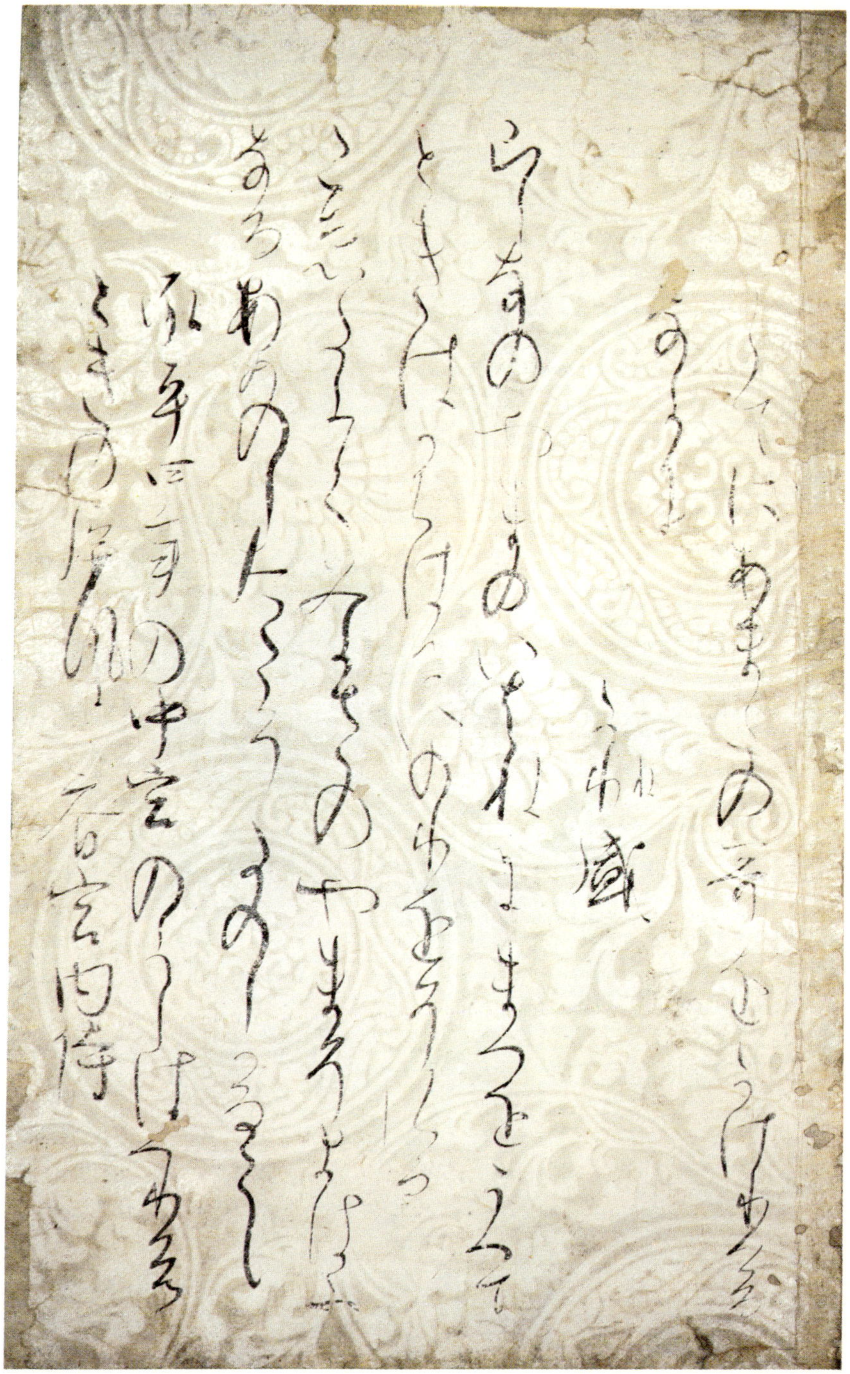

Die Heian-Kaiser begeisterten sich besonders für die Zusammenfassung von Gedichten in Anthologien. Die Seite rechts (Ausschnitt linke Seite) entstammt einem Werk mit dem Titel shūishū *(Nachlese), das 1300 Gedichte enthält. Weißes Papier, das mit Glimmerpulver bedruckt wurde, liefert den leuchtenden Untergrund für die langgezogene Kana-Kalligraphie, die Minamoto Toshiyori, einem Edelmann und Poeten, zugeschrieben wird. Die zuerst fast ausschließlich von Damen verwendete Kana-Schrift wurde allmählich auch vom anderen Geschlecht übernommen und gemeistert.*

Das Fächerpapier (rechts) ist mit einer handkolorierten Szene aus dem höfischen Leben bedruckt und überschrieben mit Texten aus dem Lotossūtra, einer der frühesten buddhistischen Schriften aus China. Ein Paar sitzt vor einem Tisch mit Schreibgerät und Pflanzenteilen, denn es war üblich, einem Gedicht eine bestimmte Blume oder ein Blatt beizufügen, das die Grundstimmung des Schreibers widerspiegelte. Diese problemlose Vermischung religiöser und profaner Elemente charakterisierte die Kunst- und Lebenshaltung der Heian-Periode.

Drei ruhende Damen in leuchtenden Roben und ein barfüßiges Kind in einem im Heian-Stil erbauten Haus. Man erkennt einen hölzernen Vorbau und die zur Gartenseite hin geöffnete Gittertür. Der oben und rechts im Ausschnitt abgebildete Fächer ist genau wie die auf den Seiten 48/49 und 52/53 mit Texten aus dem Lotossūtra beschrieben. Japanische Fächer waren wegen ihrer Eleganz sehr begehrt. Vielleicht wurden diese Sūtra-Fächer bei Tempelzeremonien verwendet, bei denen auch Weihrauchopfer, Blumen und Edelsteine dargebracht wurden. In der Mitte gefaltet und zu Büchern gebunden, gehörten diese beschrifteten Fächer zu den Tempelschätzen.

法華経亦復如
衆星之中月天子最爲第一
此法華経亦復如是於千万億種諸経法中
最爲照明又如日天子能除諸闇
此経亦復如是能破一切不善之闇
又如諸小王中轉輪聖王最爲第一此経亦復如是於衆経中
最爲其尊又如帝釋於三十三天中王此経亦復如是諸経中王
又如大梵天王一切衆生之父此経亦復如是一切賢聖學无學
及發菩薩心者之父又如一切凡夫人中須陀洹斯陀含阿那含阿羅漢辟支佛爲第一
此経亦復如是一切如来所説若菩薩所説若聲聞所説諸経法中最爲第一有能受

妙法蓮華經常不輕菩薩品第二十

Im 12. Jh. wurde das einfache Volk für die adligen Künstler zunehmend interessanter. Der Künstler dieses Sūtra-Fächers hat das Kind vielleicht nur deshalb nackt gemalt – eine große Seltenheit –, um die Modernität seiner Arbeit unter Beweis zu stellen. Frauen in Arbeitskleidung und ein Pilger (links) sind um den Brunnen eines Schreins versammelt.

大般若經卷第七十八
大方廣佛華嚴經後分一卷
三藏法師提雲般若奉 制譯
如是我聞一時佛在王舍城鷲峯山中與
无量大菩薩衆俱旀勒菩薩摩訶薩而爲
上首尒時東方有十億梵天皆住慈心來詣
佛所頂礼佛足以衆妙供養於佛供養畢已
神護寺

Viele der im 12. Jh. entstandenen Sūtra-Bildrollen bestanden aus indigoblauem Papier, bemalt mit Gold- und Silbertuschen. Sie wurden im Auftrag eines Kaisers oder Adligen von professionellen Sūtra-Künstlern angefertigt. Die hier abgebildeten Rollen sind Kopien zweier verschiedener Sūtren. Die Rolle ganz links enthält das »Große Sūtra zur Vervollkommnung der Weisheit«; es wurde laut von Mönchen vorgelesen, um die bösen Geister aus Japan zu vertreiben. Die geöffnete Rolle enthält ein auf einem Berg in Indien, dem Geiergipfel, geführtes berühmtes Gespräch zwischen Buddha und seinen Schülern. Auf dem Frontispiz sitzt der Buddha auf einem Lotosthron; hinter ihm ragt der baumbewachsene Berg auf, dessen Silhouette die Form eines Geierkopfes hat. Der chinesische Text ist in exakt gemalten traditionellen Schriftzeichen wiedergegeben, ebenso das rote Siegel des Kyōtoer Tempels, der die Rolle von einem großzügigen Kaiser als Geschenk erhielt.

III

YORITOMO, DER ERSTE SHŌGUN

DAS ZEITALTER DES SCHWERTS

Das 12. Jahrhundert war das Zeitalter des Schwerts. Um die Mitte dieses Jahrhunderts entglitt den eleganten Höflingen von Kyōto die Macht über das Land. Sie ging in die Hände eines Kriegerstandes über, der Samurai, die das Schwert mit tödlicher Meisterschaft zu führen verstanden. Der Samurai verabscheute den Luxus, er besaß und schätzte aber zwei Kostbarkeiten: seine Rüstung und sein Schwert. Die aus Eisenplatten, Leder und Seidenkordeln gefertigte Rüstung sollte dem Gegner Furcht einjagen. Manche Schwertscheiden schimmerten von Gold; häufig war der Griff mit einer Szene aus dem Leben eines mythischen Helden verziert. Die eigentliche Schönheit und die mystischen Qualitäten eines Samurai-Schwerts aber lagen in seiner Klinge. Diese anmutig geschwungene Stahlsichel war die schmale, blitzende Trennlinie zwischen Leben und Tod.

Zwei Samurai-Clans, die Taira und die Minamoto, beherrschten diese Zeit. Jede brachte eine wichtige Führergestalt hervor: Die eine war Taira-no-Kiyomori (1118–1181), die andere Minamoto-no-Yoritomo (1147–1199). Kiyomori verbündete sich mit einem Kaiser, schlug dessen Schlachten und nutzte dann seine Machtstellung am Hof, um die Herrschergewalt an sich zu reißen. Yoritomo war Kiyomori in vielerlei Hinsicht überlegen. Er verschanzte sich nicht mehr hinter höfischen Allianzen und Intrigen zur Erlangung der Macht über das Land, sondern regierte allein mit dem Schwert, als Shōgun oder Reichsfeldherr. Obwohl Kiyomori und Yoritomo eine Generation auseinander waren, überkreuzten sich ihre Lebenslinien auf schicksalhafte Art; denn die

Yoritomo, das 1185 an die Macht gelangte Oberhaupt des Minamoto-Clans und Japans erster Shōgun, der den Kaiser verdrängte.

Taira und die Minamoto schlugen während des Gempei-Kriegs von 1180 bis 1185 eine Reihe historischer Schlachten. Diese Fehden hatten wohl persönliche Ursachen, doch Rachegelüste waren keineswegs ihr einziges Motiv – es ging um die Macht über Japan.

Der Aufstieg der Samurai ist nicht ohne Ironie, denn die Taira- und Minamoto-Clans, deren Macht in der zweiten Hälfte des 12. Jahrhunderts schließlich die des Kaisers ablösen sollte, waren durch verstoßene Mitglieder der kaiserlichen Familie gegründet worden. Im 9. Jahrhundert zwang man eine Reihe von Prinzen, den Hof zu verlassen, und beraubte sie ihrer Erbrechte, da sich die Kaiser außerstande sahen, sämtliche Nachkommen standesgemäß zu unterhalten. Die meisten von ihnen zogen an die nördlichen und östlichen Grenzen des kaiserlichen Herrschaftsbereichs, um für sich und ihre Nachkommen in der Wildnis ein neues Leben aufzubauen. Im dauernden Kampf gegen die Ureinwohner dieser Landstriche entwickelte sich ein zäher und geschickter Kriegerstand – die Vorfahren der Taira- und Minamoto-Clans, die sich selbst den Namen Samurai gaben.

Das Wort Samurai bedeutet »Dienender«, womit die Loyalität gegenüber Kaiser, Lehnsherrn und Clan angesprochen wird. Nachdem Yoritomo im 12. Jahrhundert bestimmt hatte, daß nur die Söhne von Samurai in den Stand aufgenommen werden konnten, entwickelte sich dieser zu einer kriegerischen Elite. Ein zum Samurai ausersehener Junge wurde unterrichtet im Fechten, Bogenschießen, Reiten und Jiu-Jitsu, der Kunst des Kampfes ohne Waffen. Doch die Lehrmeister drillten ihre Schützlinge nicht nur in militärischen Fertigkeiten, sondern unterwiesen sie vor allem in den Tugenden der Samurai. War beispielsweise ein Junge beim Essen oder Schlafen, schlich sich sein Lehrer an und versetzte ihm einen Schlag, um seine dauernde Wachsamkeit zu schärfen. Lange Fastenzeiten und barfüßige Märsche durch Schnee härteten die jungen Krieger ab und lehrten sie die Kardinaltugend der Samurai, *fudōshin*, die »Gelassenheit des Herzens«, die sie selbst in der verzweifeltsten Kampfsituation nicht verließ.

Der Samurai legte ein Gelübde ab, das ihn zwang, das buddhistische Tötungsverbot zu mißachten. Trotzdem konnte er immer wieder in Gewissenskonflikte kommen, wenn er einen Feind in den Tod schickte.

Ging es um die Ehre, durfte ein Samurai nicht zögern, sein

Mit Bogen und Schwert bewaffnete Samurai – die mächtigen Krieger des feudalen Japan – verteilen sich an einer Mauer, die zwischen 1274 und 1281 zur Abwehr der Mongolen errichtet wurde. Diese Szene entstammt wie die auf den Seiten 60/61 einer Bildrolle aus dem 13. Jh.

eigenes Leben zu opfern. Der in der »Gelassenheit des Herzens« geschulte Krieger empfand den Tod »leichter als eine Feder«. Das *seppuku* genannte Selbsttötungsritual des Samurai stellte seine charakterlichen Tugenden auf eine letzte und entscheidende Probe. *Seppuku* bedeutet wörtlich, »sich die Gedärme aufschlitzen«. Der Samurai kniet sich bei diesem Ritual auf eine Matte, ein Kurzschwert vor sich auf dem Boden. Die Ärmel des Kimono wurden unter die Knie geklemmt, damit der Körper im Todeskampf nach vorn fiel; das Zurücksinken galt als unehrenhaft. Dann stieß er sich das Schwert in die linke Seite des Unterleibs, zog es langsam nach rechts durch und riß es schließlich nach oben. In diesem Augenblick trat einer seiner Gefährten an seine Seite und enthauptete ihn, um den Todeskampf abzukürzen. Nur der Samurai besaß das Privileg, sich auf diese Weise das Leben zu nehmen.

In den wilden Grenzgebieten, in denen die Taira- und Minamoto-Clans lebten, war Loyalität selbstverständlich. Der Krieger kannte seinen Oberherrn und hielt es für seine Ehre und Pflicht, dessen Familie und Land zu schützen. In Kyōto dagegen lagen die Verhältnisse anders. In dieser Stadt der Intrigen, Palastrevolten und Verschwörungen galten Treuegelöbnisse nicht viel. An erster Stelle stand für den Taira- oder Minamoto-Samurai natürlich die Treue zum Kaiser. Aber die unermüdlichen Ränkeschmiede der Fujiwara-Sippe hatten es schließlich soweit gebracht, daß man oft nicht mehr wußte, wer der eigentliche Kaiser war. Sie drängten immer wieder erwachsene Herrscher in den frühzeitigen Ruhestand und inthronisierten dafür minderjährige Kaiser, die sich leichter manipulieren ließen. Es war Sitte im 12. Jahrhundert, daß die abgedankten Kaiser – manchmal gab es mehrere zur selben Zeit – ihre eigenen Höfe und Verwaltungen neben den Institutionen des regierenden Herrschers aufrechterhielten. Dieses Treiben beobachteten die Clanoberhäupter der Taira und Minamoto mit wachsendem Zynismus. Als dann Kaiser Go-Shirakawa bei Thronstreitigkeiten Taira-no-Kiyomori um Hilfe bat, wußte dieser seine Chance zu nutzen.

Kiyomori besiegte Go-Shirakawas Rivalen 1156 und 1160 in zwei berühmten Schlachten in und bei Kyōto. In der zweiten Schlacht standen sich erstmals Krieger des Taira- und des Minamoto-Clans im Kampf gegenüber. Oberhaupt der Minamoto war zu dieser Zeit Yoshitomo, der Vater des damals vierzehnjährigen

Yoritomo und anderer Söhne. Als sich Kiyomori weit entfernt auf Pilgerfahrt befand, stürmten er und seine Krieger den kaiserlichen Palast und brannten ihn nieder. Aber Kiyomori kam zurück, und die von seinen Söhnen geführten tausend Taira-Samurai schlugen Yoshitomo und seine Leute in die Flucht. Yoshitomo floh mit drei seiner Söhne in die Berge.

Aber auch dort war er nicht sicher. Einer seiner Freunde wurde zum Verräter und erdolchte ihn, als er ein Bad nahm. Kiyomori hätte jetzt Gelegenheit gehabt, die Minamoto-Sippe völlig auszurotten, doch sowohl Güte als auch Berechnung hielten ihn davon ab. Anstatt Yoritomo, Yoshitomos ältesten Sohn, zu töten, verbannte er ihn nur; und er verschonte auch dessen jüngeren Bruder Yoshitsune, um die schöne Mutter für sich zu gewinnen. Sie war bereit, seine Geliebte zu werden, sofern ihre drei Söhne nicht getötet, sondern in ein Kloster verbannt wurden. Kiyomori konnte nicht ahnen, daß sie später seine Sippe entmachten sollten.

»Wer kein Taira ist, ist kein Mann!« triumphierten die Krieger von Kiyomoris Clan nach ihrem Sieg. Da Go-Shirakawa ihm nichts entgegenzustellen hatte, mußte er Kiyomori zum Großkanzler ernennen. Dieser verteilte Minamoto-Ländereien unter seinen Samurai, die daraufhin rasch das bequeme Leben der Oberschicht annahmen. Kiyomori ließ bei Itsukushima an der Küste der Inlandsee einen Shintōschrein errichten. Diese Schreinanlage war nach den Seiten offen, und ihre Wandelgänge ragten über das Wasser hinaus. In Japan waren shintoistische und buddhistische Glaubensvorstellungen inzwischen weitgehend miteinander verschmolzen, so daß Kiyomori dem neuen Heiligtum eine Sammlung besonders wertvoller buddhistischer Schriftrollen stiften konnte. Auch die Kassetten, in denen sie aufbewahrt wurden, waren von unschätzbarem Wert. Sie bestanden aus dunkler Bronze und waren mit goldenen und silbernen Drachen und Wolken verziert. Zusammen mit den religiösen Gaben brachten Kiyomori und seine Krieger als Dankopfer für ihren Sieg über die Minamoto auch ihre Waffen und Rüstungen dar.

Die Jahre vergingen, und die Söhne Yoshitomos wuchsen zu Männern heran, die Herzen voller Haß gegen die Taira. Yoshitsune, der in seinem Kloster wie ein Gefangener gehalten wurde, entkam als Fünfzehnjähriger und floh weiter in den Norden, wo er die kommenden Jahre damit verbrachte, sich zu einem der besten

Während der ersten Mongoleninvasion im Jahr 1274 zwang ein heftiger Sturm die feindlichen Schiffe zum Rückzug. Doch sieben Jahre später unternahmen die Mongolen einen zweiten Versuch. Diesmal aber griffen die Samurai die feindliche Flotte an, noch bevor sie die Küste erreichte. Auf diesem Bild attackieren japanische Krieger das Schiff des Mongolenführers.

Schwertkämpfer des Gebiets heranzubilden. Dann machte er sich auf die Suche nach seinem Bruder. Yoritomo, der in die östliche Provinz Izu verbannt worden war, hatte nie vergessen, daß sein Vater das Oberhaupt eines mächtigen Clans gewesen war. Er war entschlossen, noch größere Macht zu gewinnen. Durch einen hochgestellten Freund in Kyōto war er über sämtliche Intrigen am Taira-Hof informiert. Insgeheim gewann er mehr und mehr Anhänger unter den versprengten Minamoto-Leuten, und es gelang ihm auch, einige Taira-Gefolgsleute auf seine Seite zu ziehen, die ihre übermächtigen Verwandten haßten.

Im Jahr 1180, zwanzig Jahre nach dem Tod seines Vaters, hißte Yoritomo die weiße Kampfstandarte des Minamoto-Clans und zog ins Feld – der Gempei-Krieg hatte begonnen. Zunächst besiegten die Taira bei einem Gefecht die kleine Yoritomo-Truppe. Doch der Aufstand loderte weiter. Auch Yoshitsune befand sich inzwischen unter den Minamoto-Samurai, die sich um Yoritomos Standarte geschart hatten. Der plötzliche Aufstand kam für Kiyomori völlig überraschend, doch er lag todkrank in Kyōto, unfähig ihn zu bekämpfen. Auf dem Totenbett ließ er 1181 seine Samurai schwören, Yoritomo zu töten.

Yoritomo organisierte, seiner strengen militärischen Vorstellung entsprechend, die sogenannte »Zeltlagerregierung« *(bakufu)*. Seine Hauptstadt wurde Kamakura an der Sagami-Bucht, ungefähr sechzig Kilometer östlich des Fujijama. Die Einrichtung einer eigenen Verwaltung, bevor die Minamoto-Armee auch nur eine wichtige Schlacht gewonnen hatte, zeugte von seinem grenzenlosen Selbstvertrauen und der Entschlossenheit eines Visionärs. Doch er gab sich keinerlei Selbsttäuschungen hin, vielmehr war er skrupellos, kalt und mißtrauisch – selbst seinen engsten Gefolgsleuten gegenüber. Als einer seiner Vettern, ein erfolgreicher General, in seiner Loyalität zu schwanken schien, ließ er ihm nachstellen und ihn töten.

In knapp drei Jahren vertrieben die Minamoto-Armeen die Taira-Anhänger aus dem östlichen Japan und eroberten Kyōto. Als die Taira aus der Hauptstadt flohen, nahmen sie den fünf Jahre alten regierenden Kaiser Antoku mit und mit ihm die heiligen kaiserlichen Insignien – Schwert, Halsband und Spiegel –, die nach der Legende aus der Hand des ersten japanischen Herrschers stammten. Keineswegs endgültig besiegt, verschanzten sich die

Taira auf den Inseln Shikoku und Kyūshū sowie in den westlichen Provinzen von Honshū. Die Taira kontrollierten auch weiterhin die Schiffsrouten über die Inlandsee, deren Wasser seit einem Jahrhundert von ihren Schiffen befahren worden waren. Im Frühjahr des Jahres 1184 standen ungefähr fünftausend Mann Taira-Truppen in besonders günstiger Position an der nördlichen Küste der Inlandsee in der Settsu-Provinz. Im Norden wurden sie durch Berge, im Westen durch Befestigungsanlagen und im Osten durch einen Wald gedeckt. Eine Minamoto-Armee unter Yoshitsune griff das Taira-Bollwerk von zwei Seiten an. Der Hauptstoß richtete sich gegen den Wald. Doch Yoshitsune faßte den Plan, mit fünfundsiebzig ausgewählten Kriegern die Taira zu überraschen, indem er über die als unüberwindlich geltenden Berge im Norden vorstieß. Sein Plan gelang. Während die Taira mit der Abwehr des Hauptangriffs beschäftigt waren, stürmten Yoshitsune und seine Männer hinter ihnen einen steilen Hang hinab ins Lager des Feinds und steckten es in Brand. An die tausend Taira wurden getötet oder gefangengenommen; dreitausend entkamen per Schiff. Auch Tadanori, ein Taira-Anführer, wurde bei diesem Kampf getötet. Aber er errang Unsterblichkeit durch ein Gedicht, das er in seinem Helm verborgen hatte und in dem er seiner Vorahnung von Niederlage und Tod Ausdruck verlieh:

Dämmerung auf meinem Pfad,
Und als Herberge in dieser Nacht
Dient mir der Schatten eines Baums
Und als Wirt eine Blume.

Dieser Sieg vertrieb die Taira aus dem größten Teil von Honshū, doch sie blieben im Besitz ihrer Befestigungen auf Kyūshū und Shikoku, wo sie den Kind-Kaiser Antoku in einer Festung am Meer untergebracht hatten. Yoshitsune hatte den Oberbefehl über die kleine Minamoto-Flotte auf der Inlandsee, obwohl er von seemännischen Dingen keine große Ahnung hatte. Im April 1185 führte er die Flotte zur entscheidenden Schlacht dieses Kriegs, die in der Meerenge zwischen Kyūshū und Honshū, in der Nähe des Dorfes Dan-no-ura, ausgefochten wurde. Der hastig zusammengestellten Minamoto-Flotte stand die gesamte, weit überlegene Taira-Flotte gegenüber. Wie alle kriegerischen Auseinandersetzungen vor Einführung der Artillerie, wurde auch diese See-

Zwei Schwertschmiede (oben links) legen letzte Hand an die Schwertgriffe, während andere Klingen erhitzen oder Stichblätter anfertigen. Im Hintergrund bereitet eine Frau Tee zu. Das Schmieden eines Samurai-Schwertes war eine feierliche Handlung, eine Werkstatt wie diese eine geheiligte Stätte.

schlacht hauptsächlich von Bogenschützen und in Zweikämpfen von Mann zu Mann bestimmt, wobei die Schiffe als schwimmende Plattformen dienten. Die beiden Flotten kreuzten parallel zueinander auf, wobei die Taira-Einheiten zwischen der Küste und den Minamoto-Schiffen standen. Die Taira-Kommandanten waren sicher, den Gegner noch vor dem Gezeitenwechsel in die Flucht geschlagen zu haben. Doch Yoshitsune glich seine mangelnde seemännische Erfahrung durch geschickte Taktik aus: Er befahl seinen Bogenschützen, vor allem die Steuerleute der Taira aufs Korn zu nehmen. Ein Großteil der Taira-Flotte geriet dadurch außer Kontrolle und war bald nicht mehr manövrierfähig. Und dann kam wörtlich und im übertragenen Sinne die große Wende, als die Gezeiten wechselten. Ein Geschwader der Taira hatte zu den Minamoto-Schiffen aufgeschlossen, und als dann die Ebbe in der Meerenge einsetzte und die Taira-Flotte auf Grund zu laufen drohte, gelang es den Minamoto-Kommandanten, die Taira-Formation aufzubrechen. In der einsetzenden Panik gingen der Kind-Kaiser und mit ihm die kaiserlichen Insignien über Bord. Yoshitsunes Taucher konnten zwar den Spiegel und das Halsband bergen, das Schwert jedoch blieb verloren.

Der Sieg bei Dan-no-ura machte Yoritomo zum alleinigen Herrscher Japans. Aber er lohnte es dem Mann schlecht, der ihm diese Position verschafft hatte. Yoshitsune avancierte rasch zum Liebling der Höflinge in Kyōto. Man bestaunte ihn als Helden, der fast allein die mächtige Taira-Flotte besiegt hatte. Die Popularität des Bruders war Yoritomo ein Dorn im Auge, und er weigerte sich, ihn zu empfangen. Yoshitsune sandte einen Bittbrief nach Kamakura, um sich mit dem Bruder auszusöhnen. »Hier bin ich und weine vergeblich blutrote Tränen über Deinen Unmut ... Das Band unserer Blutsbrüderschaft ist durchtrennt.« Yoritomo schickte ihm als Antwort seine Krieger, die ihn töten sollten. Gehetzt und umzingelt von den Truppen seines Bruders, erschlug der Held des Gempei-Kriegs seine Familie und gab sich dann selbst den Tod.

Jetzt lag alle Macht in Händen Yoritomos. Obwohl er sich immer wieder als treuer Diener und Beschützer des Kaisers gab, ließ er keinen Zweifel daran, daß dieser über keine eigene Macht mehr verfügte. Er zog die Ländereien der besiegten Tairas ein und verteilte sie unter seinen Anhängern, die dadurch zu seinen Vasallen

FORTSETZUNG SEITE 70

DIE SEELE EINES SCHWERTES

Das Samurai-Schwert am Gürtel eines zum Kampf gerüsteten Kriegers war Ausdruck der Persönlichkeit seines stolzen Besitzers. Aus einem einzigen Stahlbarren schufen die *kaji*, die Meister der Schwertschmiedekunst im alten Japan, einmalige Waffen, die zugleich Sinnbild für Tapferkeit, Autorität und Macht waren. Ob es sich um das lange, gekrümmte *katana* (Schwert [oben]), ein *tachi* (Zeremonialschwert [S. 66/67]) oder ein *tantō* (Kurzschwert [S. 68/69]) handelte, in der Legende wurden diese Waffen zur »lebendigen Seele des Samurai«.

Im 12. Jh., als die Samurai im Dienst der Clan-Oberhäupter standen, gab es keinen größeren Schatz für einen Japaner als ein solches mit größter Kunstfertigkeit geschmiedetes Schwert. Es ließ sich weder durch Gold noch Silber und auch nicht durch ein Stück Land aufwiegen. Die auf diesen Seiten abgebildeten Schwerter stammen von Meistern wie Gō-Yoshihiro, Masamune und Yoshimitsu und zählen zu den schönsten Exemplaren ihrer Art.

In dem an eisenhaltigem Sand reichen Zentraljapan erreichte die Kunst des Schwertschmiedens ihren absoluten Höhepunkt. Im 12. Jh. vertrat Kaiser Go-Toba sogar die Ansicht, daß dieses Handwerk selbst eines Prinzen würdig sei. Der *kaji* und seine Helfer begannen ihr Werk mit der rituellen Reinigung von Geist und Körper. Sie legten weiße Gewänder an, befolgten eine strenge Diät und enthielten sich aller weltlichen Freuden, die ihre Aufmerksamkeit von dem todbringenden Meisterwerk hätten ablenken können. Nachdem sie Reispapierstreifen in der Schmiede

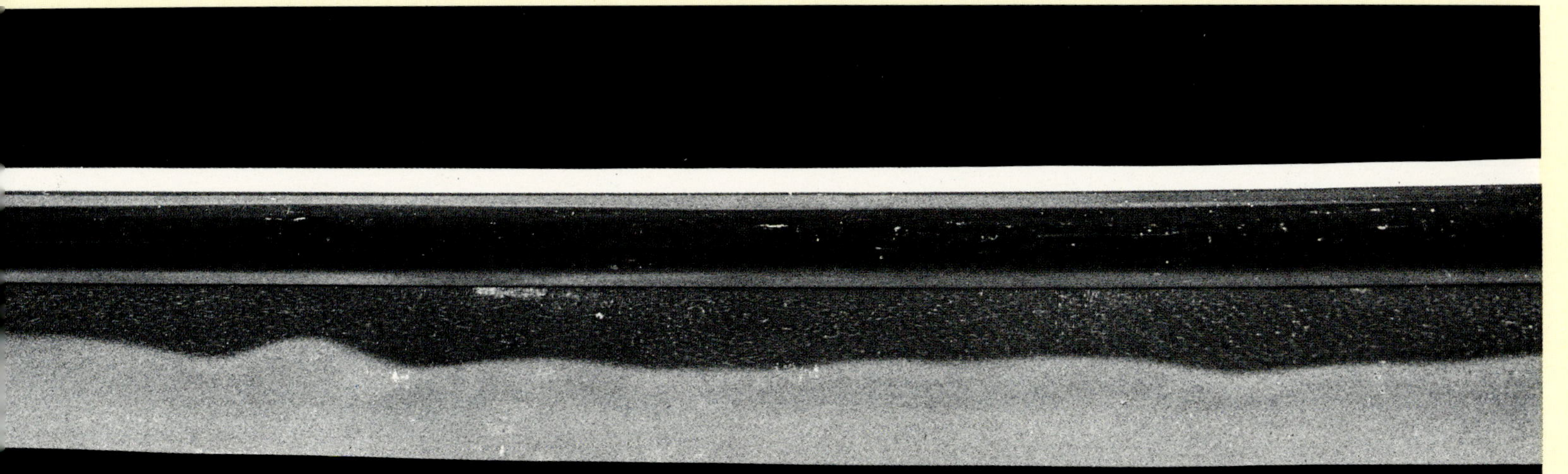

Das unten abgebildete katana *(Langschwert) ist ein Meisterwerk von Gō-Yoshihiro, eines Schülers des großen Masamune, von dem auf den Seiten 68/69 eine Arbeit zu sehen ist. Die Waffe war immer so am Gürtel des Kriegers befestigt, daß die tödliche Schneide, die oben im Detail gezeigt wird, nach oben wies. Um die Qualität einer solchen Klinge zu erreichen, mußte das heiße Metall immer wieder gefaltet werden, so daß schließlich Abertausende hauchdünner Stahlschichten entstanden.*

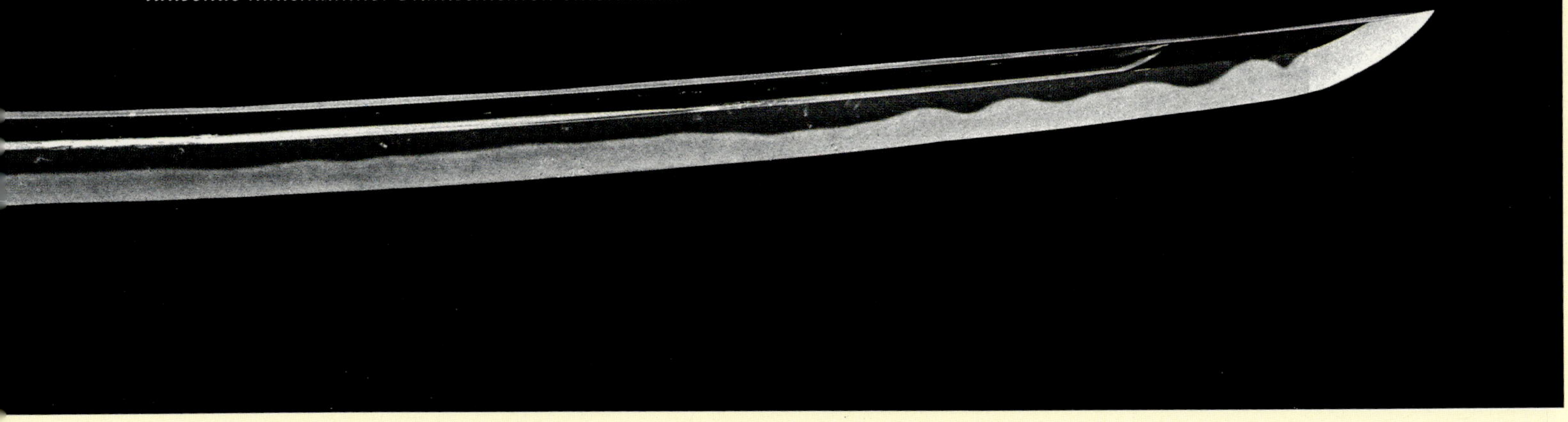

aufgehängt hatten, um die bösen Geister fernzuhalten, machten sie sich an ihr mühseliges Werk; manchmal beanspruchte die Anfertigung eines Schwertes bis zu zwei Jahre.

Zuerst kam das Roheisen in mit Holzkohle betriebene Schmelzöfen. Der Rat eines alten Meisters lautete, das Eisen so lange zu erhitzen, bis es die »Farbe des Monds annimmt, der an einem Juni- oder Juliabend seine Reise durchs Firmament antritt«. Dann hämmerte der Schmied alle Unreinheiten aus dem Eisenbarren heraus, um ihn dann flachzuschmieden und zu falten. Dieser Prozeß wurde unzählige Male wiederholt, wobei die glühenden Eisenstücke immer wieder in Wasser abgeschreckt wurden. So entstand schließlich aus einem Barren von rund 22 Pfund eine Klinge, die nur noch zwischen 3 und 4 Pfund wog und aus vielen Tausenden hauchdünner Schichten bestand. Ganz besondere Aufmerksamkeit widmete der *kaji* der Schneide und dem *hamon*, der Begrenzungslinie zwischen Klinge und Schneide, vom Heftzapfen bis zur Schwertspitze. Variationen im *hamon* erhöhten die Schönheit und die Stärke der Klinge. Hatte sie den richtigen Härtegrad, die optimale Geschmeidigkeit und Schärfe, dazu eine feine Maserung, tauchte der Schmied sein Werk ein letztes Mal ins Wasser, um es dann nicht selten zu signieren.

Die polierte Klinge wurde anschließend noch mit der *tsuba*, dem Stichblatt, und dem Griff versehen, bevor der Meister sein Werk mit einer Scheide und vielleicht noch einigem anderem Zubehör dem Samurai überreichte, der seiner Waffe häufig einen Namen gab.

Dieses wertvolle alte tachi *(Zeremonialschwert) gehörte den Taira, jenem Clan, dessen Niederlage im 12. Jh. Minamotos Aufstieg zum Shogunat ermöglichte. Nach der Legende verbrachte Amakuni, der im 8. Jh. diese Klinge herstellte, dreißig schlaflose Nächte, bis er das erste Schwert geschmiedet hatte. Von der Klinge (Mitte) werden oben die Spitze und unten der Heftzapfen im Detail gezeigt.*

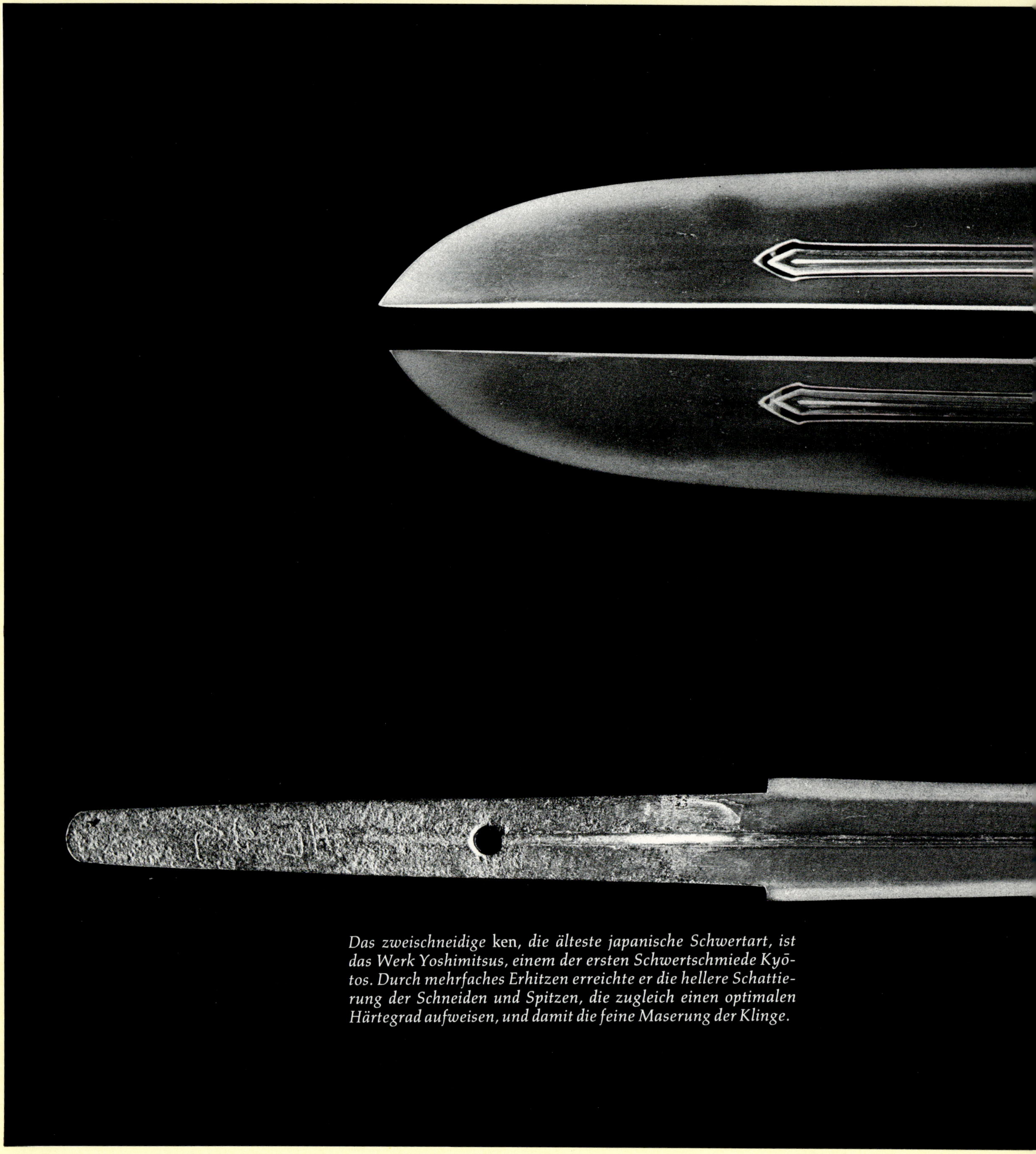

Das zweischneidige ken, *die älteste japanische Schwertart, ist das Werk Yoshimitsus, einem der ersten Schwertschmiede Kyōtos. Durch mehrfaches Erhitzen erreichte er die hellere Schattierung der Schneiden und Spitzen, die zugleich einen optimalen Härtegrad aufweisen, und damit die feine Maserung der Klinge.*

Masamunes Klingen verraten den edlen und vornehmen Charakter des Meisters, wie das tantō *(Kurzschwert) beweist, dessen beide Seiten hier abgebildet sind. Die künstlerische »Handschrift« dieses Meisters aus dem 13./14. Jh. ist so unverkennbar, daß es oft keiner Signierung bedurfte.*

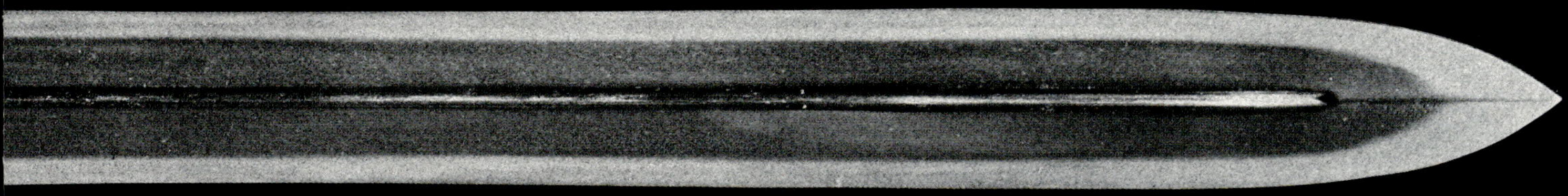

FORTSETZUNG VON SEITE 63

wurden. Außerdem vertraute er ihnen im ganzen Land wichtige Verwaltungsposten an. So unterstand jedes Gut einem Landverwalter, der die Steuern für Yoritomo eintrieb und auf die Einhaltung der Gesetze achtete. Die kaiserliche Bürokratie verlor fast jede Bedeutung, und die Macht wurde mehr und mehr von dem *bakufu* in Kawakura übernommen. Schluß- und Höhepunkt dieser Entwicklung war das Jahr 1192, in dem der dreizehnjährige Kaiser Go-Toba Yoritomo den Titel eines Shōgun verlieh.

Nach einem Leben voller Erfolge fand Yoritomo ein tragisches Ende. Im Jahr 1199, als er mit einer feierlichen Prozession eine Brücke einweihte, fiel er plötzlich vom Pferd und starb ohne jeden ersichtlichen Grund. Sein überraschender Tod ließ Gerüchte laut werden, nach denen ihm der Geist Yoshitsunes erschienen sei und Angst und Schuldgefühle sein Herz zum Stillstand gebracht hätten.

Die von Yoritomo in Kawakura errichtete Regierung verwaltete Japan effektiv und rechtschaffen – selbst das Bakufu-Steuersystem fand bei den Bauern Respekt. Vor allem aber vermied das *bakufu* jeden überflüssigen Luxus, sowohl im öffentlichen wie im privaten Bereich. Es war in allem das genaue Gegenteil des kaiserlichen Kyōto. Unter der Führung der *bakufu* wurde Japan im Innern so stark, daß es sich sogar der mächtigsten und erbarmungslosesten Bedrohung seiner Zeit, dem Mongolischen Reich, widersetzen konnte.

Um die Mitte des 13. Jahrhunderts hatten die Mongolen den größten Teil Chinas unterworfen; fast mühelos schluckten sie dann Korea und zeigten großes Interesse an Japan. Ihr Herrscher Kublai Khan entsandte 1268 Botschafter nach Japan, die es zur Unterwerfung aufforderten, wenn es einer Invasion entgehen wollte. Voller Panik war der Hof von Kyōto zu Verhandlungen bereit; die Bakufu-Führer aber widersetzten sich und sandten Kublai Khans Leute mit leeren Händen zurück. Dann rüsteten sie das Land zum Krieg.

Im Jahr 1274 landete eine aus achthundert koreanischen Schiffen bestehende Flotte mit dreißigtausend Mann an Bord in der Bucht von Hakata auf Kyūshū. Eine nahegelegene japanische Garnison gab Alarm, und aus allen Richtungen der Insel sprengten die Samurai zur Verteidigung herbei. Die Schlacht dauerte nur einen Tag, dann kam ein Sturm auf, und die koreanischen Ka-

Die Samurai erprobten ihre neuen Schwerter gelegentlich an unglücklichen Passanten, häufiger jedoch an den Leichen Hingerichteter. Diese Illustration aus einer Abhandlung über Schwerter und Rüstungen zeigt die günstigsten Angriffspunkte. Jeder der Hiebe oder Stiche hatte einen

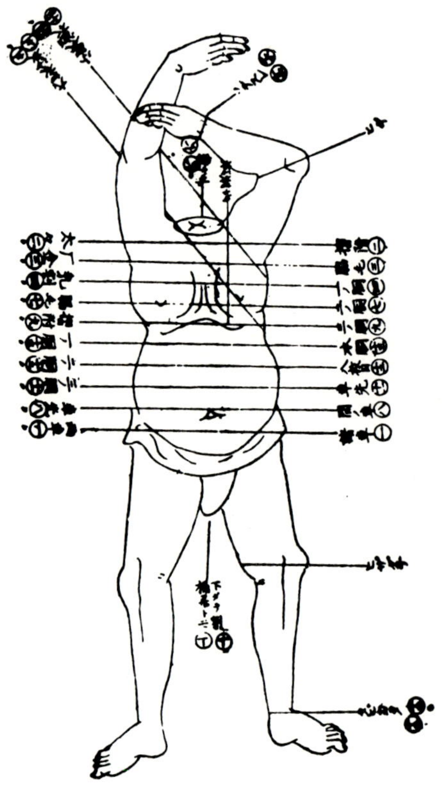

besonderen Namen. Das »Radpaar« galt als schwierigster Schlag; er wurde quer über den Unterleib geführt. Das »Ärmelabschneiden« dagegen war verhältnismäßig leicht; es galt vor allem der Schwerthand des Gegners.

GERÜSTET ZUM TÖTEN

Nachdem sich im späten 12. Jh. das militärisch organisierte Shogunat in Kamakura niedergelassen hatte, orientierten sich die Samurai, die ausersehen waren, die Auseinandersetzungen zwischen den Feudalherrn dieser Epoche auszutragen, am *bushidō*, einem zunächst ungeschriebenen Verhaltenskodex, dem »Weg des Samurai«. Der *bushidō* verband die Samurai so eng mit ihren Schwertern, daß ihre Existenz davon abhing.

Obwohl die Samurai im allgemeinen im Dienst der Feudalherrn standen – das Wort bedeutet »Dienender« –, bildeten sie den obersten Stand. In ihrer Gegenwart wagten Bauern, Händler und Handwerker kein lautes Wort. Erwies ihnen ein gewöhnlicher Sterblicher nicht den gebührenden Respekt, konnten sie ihn straflos niedermachen. Die meisten Samurai waren in bezug auf Verpflegung und Obdach völlig von ihren Dienstherren abhängig. Doch gerade die Dürftigkeit ihres Alltagslebens stärkte ihre dauernde Kampfbereitschaft. Die Vorbereitung um Kampf auf Leben und Tod, wie sie rechts demonstriert wird, oder das Üben der tödlichen Schwerthiebe bedeuteten dem Samurai mehr als persönliches Wohlergehen.

So blutig die Auseinandersetzungen auch immer sein mochten, der Kampf der Samurai unterlag strikten Regeln, die beispielsweise vorschrieben, daß sich die Gegner zuerst vorstellten und gegenseitig auswiesen. Ein Samurai achtete stets darauf, daß sein Helm parfümiert war, damit sein Kopf, falls er ihn verlor, an der Satteltasche des Siegers keinen schlechten Geruch verbreitete.

Ob er einen zufällig vorbeikommenden Bauern zerstückelte, um eine neue Klinge zu erproben, oder mit einem einzigen Hieb einen Gegner zweiteilte beziehungsweise sich sein Schwert selbst in den Unterleib stieß, um persönliche Feigheit oder eine andere Unehrenhaftigkeit zu sühnen – der Samurai lebte mit und von seinem Schwert, und eines Tages fand er durch das Schwert den Tod.

1

Diese Holzschnitte zeigen einen sich für den Kampf ankleidenden Samurai. Zuerst umgürtete er sich mit dem Kimono (1), dann wurden die Beinkleider angelegt (2) und anschließend der gepanzerte Armschutz übergezogen (3). Als nächstes befestigte er den mehrteiligen Rumpfpanzer (4) und zog eine furchteinflößende eiserne Gesichtsmaske über (5). Jedes Rüstungsteil wird in seiner Funktion einzeln und am Modell gezeigt. Diese Illustrationen sind einem Handbuch über Waffen und Ausrüstung der Samurai entnommen.

2

4

3

5

Jeder Samurai-Clan hatte seine eigenen Waffenschmiede, die ausschließlich damit beschäftigt waren, für ihre Herren Waffen und Rüstungen zu fertigen, zu reparieren und zu reinigen, wie dieser Wandschirm aus dem 17. Jh. zeigt.

pitäne brachten die mongolischen Kommandanten dazu, die Truppen wieder einzuschiffen und Segel zu setzen, damit die Flotte nicht an der Küste zerschellte. Als die Hauptmacht der Samurai ankam, sah sie gerade noch die Nachzügler der feindlichen Flotte aus der Bucht segeln.

Doch wer gehofft hatte, Kublai Khan hätte damit seine Pläne aufgegeben, sah sich getäuscht. Es erschienen neue Abgesandte, und diesmal wurde sogar gefordert, daß der Kaiser persönlich vor dem Khan in Peking erscheinen sollte. Das japanische Nein war deutlich: die Abgesandten wurden hingerichtet. Darauf richtete Kublai Khan ein »Amt zur Züchtigung Japans« ein, das die koreanischen Wälder zum Bau einer neuen Flotte abholzen ließ. Im Jahr 1281, sieben Jahre nach dem ersten Versuch, segelten mehr als dreieinhalbtausend Schiffe mit einhundertvierzigtausend Mann an Bord nach Japan. In weiser Voraussicht hatte das Bakufu-Regime die Zeit genutzt und eine Verteidigungsmauer entlang der Hakata-Bucht gebaut. Außerdem stand eine Flotte kleiner, wendiger Schiffe zur Verfügung, bemannt mit Piraten.

Im Juni 1281 gingen die Mongolen in der Hakata-Bucht und an den benachbarten Küstenstreifen an Land. Sieben Wochen lang versuchten die mongolischen und chinesischen Krieger vergeblich, die Verteidigungsmauer zu umgehen. Die Samurai kämpften mit dem Mut der Verzweiflung, und die wendigen japanischen Schiffe fielen mit verheerender Wirkung über die schwerfällige mongolische Flotte her.

Der tapfere Widerstand der Samurai hielt die Angreifer bis August in ihrem Brückenkopf fest – dem Monat der Taifune. Am 15. August dann kam plötzlich im Westen ein Sturm auf und wütete zwei Tage lang. Er warf die mongolische Flotte auf den Strand, wo die Samurai mit den Überlebenden kurzen Prozeß machten. Viele Schiffe, denen es gelungen war, die offene See zu erreichen, wurden dort von den riesigen Wellenbergen zerschlagen. Die Verteidiger glaubten den Taifun von den Göttern gesandt, weshalb sie ihn *kamikaze*, »Götterwind«, nannten. Wohl hatten die Elemente schließlich den Ausschlag gegeben, aber es war der unbezwingbare Mut der Samurai in ihren furchteinflößenden, farbenprächtigen Rüstungen und den mit vergoldeten Hörnern geschmückten Helmen, der Japan gerettet hatte.

Krieger des Minamoto-Clans in voller Rüstung während einer Schlacht in Kyōto. Die Szene befindet sich auf einer Bildrolle aus dem 13. Jh.

Während der legendären Schlachten des 12. Jhs. standen sich die Samurai der mächtigen Taira- und Minamoto-Clans in diesen prachtvollen Rüstungen gegenüber. Alle Krieger fühlten sich an den Samurai-Kodex gebunden, der sowohl Treueverpflichtung, ständige Kampfbereitschaft als auch Ästhetik beim Töten beinhaltete.

Der Helm eines Samurai, der Schulterschutz und der den Unterleib abdeckende Schurz ließen ihn wie ein fremdes, gefährliches Wesen erscheinen. Die Konstruktion einer solchen Rüstung war ganz den Bewegungen des Samurai-Kampfstils angepaßt. In die Helme waren große Metallplatten eingearbeitet; die typischen Bestandteile des Körperpanzers aber bestanden aus kleineren Eisen- und Lederschuppen, die zuerst lackiert und dann mit glänzenden Seidenkordeln zusammengefügt wurden. Der leichte, flexible und durch die austauschbaren Einzelteile schnell auszubessernde Kampfanzug wog insgesamt nicht mehr als 20 Pfund und konnte, zusammengefaltet, in einer kleinen Kiste untergebracht werden. Er wurde von den Samurai in unterschiedlichen Kombinationen getragen, je nachdem, ob sie auf freiem Feld oder in den Straßen einer Stadt kämpften.

Die auf Seite 77 abgebildete Taira-Rüstung gehörte vermutlich dem fanatischen Buddhisten Shigemori. Die Tradition schreibt die übrigen auf diesen und den folgenden Seiten abgebildeten Rüstungsteile Angehörigen des Minamoto-Clans zu: dem stämmigen Meisterbogenschützen Tametomo und seinen Neffen Yoshitsune und Yoritomo, dem ersten Shōgun. Diese Kriegshelden gaben ihren Rüstungen meist Kosenamen und vererbten sie an ihre Söhne. Oft brachten sie sie auch nach einem großen Sieg Hachiman, dem Kriegsgott, als Opfergabe dar.

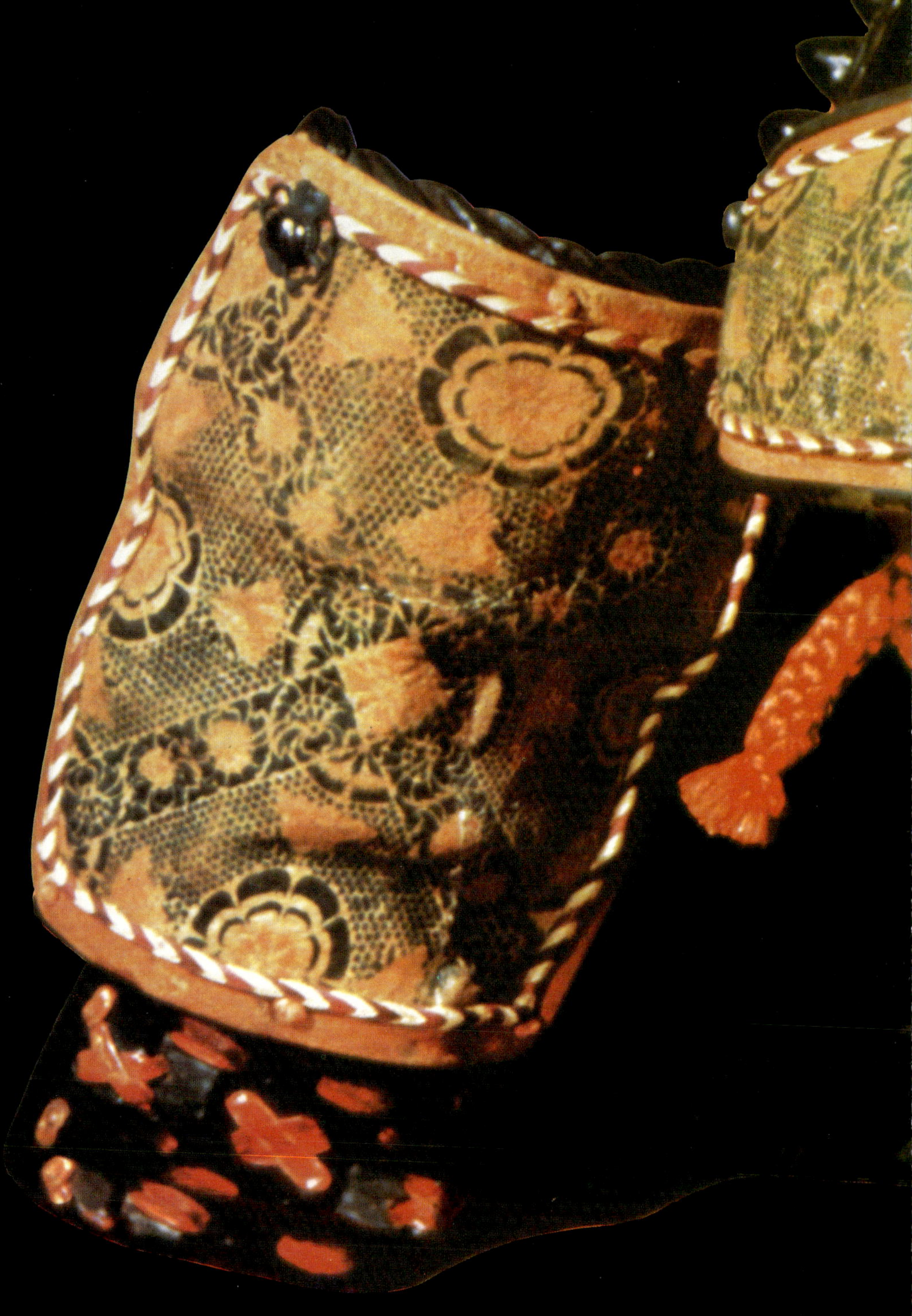

Diese eiserne Kopfbedeckung wurde nach den strahlenförmig angeordneten Knäufen »Sternenhelm« genannt. Er schützte Tametomo, den angeblich 2 m 10 großen Meisterbogenschützen der Minamoto. Die leicht nach hinten gerollten, lederumrandeten Klappen des Nackenschutzes dienten zugleich als Gesichtsschutz. Unter dem Kinn wurde der Helm mit einem Knoten befestigt, den kein Gegner lösen konnte. Rote Bänder reflektierten sich im Gesicht des Samurai und gaben ihm ein dämonisches Aussehen.

Nachdem es Yoritomo gelungen war, von Kamakura aus seine Souveränität endgültig zu festigen, übergab er diese klassische Samurai-Rüstung mit dem vierteiligen Schurz seinem Clan-Schrein. Der große Brustschild mit den auf einer Blumenwiese herumtollenden Löwen schützte den Magen – nach dem Glauben der Japaner der Sitz aller Empfindungen.

Die Rüstung auf der gegenüberliegenden Seite gehörte wahrscheinlich dem Taira-Krieger Shigemori, der wie alle Samurai aus Kyōto eine Vorliebe für prunkvolle Verzierungen hatte. Die beiden zusätzlichen Platten auf dem Brustschild schützten wichtige Verbindungsstellen des Panzers sowie die Achselhöhlen. Über dem Herzen sitzt eine solide Metallplatte, da ein Bogenschütze beim Spannen und Zielen die linke Körperseite gefährlich entblößte.

Schwanger, aber kampfwütig, paßte die legendäre Kaiserin Jingō in keine normale Rüstung, weshalb ihr einfallsreicher Berater eine dem links abgebildeten Modell ähnliche Rüstung anfertigen ließ. Der rechts in Hüfthöhe über dem Brustschild zusätzlich angebrachte Schutz aus Leder und Seidenkordeln verdeckt eine verstellbare Öffnung. Die hier abgebildete Rüstung gehörte aber wahrscheinlich Yoshitsune vom Minamoto-Clan. Die aus Bronze gearbeiteten Nachbildungen von Fächern bedeuten vermutlich gute Zukunftsaussichten und Glück.

Der haramaki *oder Rumpfpanzer (rechts) war Yoshitsune wahrscheinlich sehr nützlich. Allerdings beklagte sich einer seiner Nachfolger, daß sich in dem dichten Flechtwerk die Läuse offensichtlich sehr wohl fühlten. Dafür aber war dieser Panzer besonders leicht und enganliegend. Der in den Fußkampf ziehende Krieger trug ihn unter der Kleidung. Gepanzerte Kragen wie der hier abgebildete wurden populär, nachdem das Schwert Pfeil und Bogen als nobelste Waffe abgelöst hatte.*

Der hölzerne Rahmen dieses Sattels hatte dem Pferderücken angepaßte Stützflächen, um das Gewicht des wild einhergaloppierenden Samurai abzufangen. Der Pferderücken war außerdem durch eine lederne Sattelunterlage geschützt, ebenso der Reiter durch ein stoßdämpfendes ledernes Kissen. Der Rahmen ist lackiert und mit Ideogrammen und Blütenzweigen aus Perlmutt eingelegt. Die Ideogramme sind so kunstvoll mit den Blättern und Pinienzweigen verwoben, daß sie kaum erkennbar sind. Sie entstammen einem während der Kamakura-Periode entstandenen Liebesgedicht, das von efeuumrankten Bäumen und Herbstregen spricht.

Vergoldete Blumen schmücken Hand- und Ellbogenschutz dieser zu einem Kettenhemd gehörenden Ärmel, wie es vielleicht von Yoshitsune während seiner letzten Jahre getragen wurde. Ein Schmetterling, Symbol für Sanftmut und Schönheit, breitet auf dem Handschutz (unten) seine Flügel aus.

Mitte des 14. Jhs., gegen Ende der ersten Epoche der Samurai-Herrschaft, stellte ein Waffenschmied diese Prunkrüstung für zeremonielle Zwecke her (links im Detail). Die von den Japanern zu allen Zeiten wegen ihrer Sonnenähnlichkeit geliebte Chrysantheme war kurz zuvor offiziell zum Emblem kaiserlicher Macht erklärt worden. Deshalb die häufige Verwendung der vergoldeten Blume an Kopfbedeckung, Schulter- und Brustschutz dieser Rüstung. Der Bambuszaun auf dem Schulterschutz ist den geheiligten Einfriedungen der Schreine nachgebildet und symbolisiert die Frömmigkeit des in diesem Prunkgewand einherschreitenden Kriegers.

Dieser prächtige Helm mit dem flügelähnlich gespreizten Nackenschutz gehört zu der auf den Seiten 82/83 gezeigten Prunkrüstung. Entsprechend der Tradition sind die furchteinflößenden vergoldeten Kupferschaufeln der Schneide einer Gartenhacke nachgebildet, dem alten Talisman gegen böse Geister. Manchmal trugen die Samurai zusammengefaltete Zettel mit Gebeten unter ihren Helmen.

IV

YOSHIMASA

DER RÜCKZUG AUS DER WELT

In einer der dunkelsten Stunden der japanischen Geschichte, als der Bürgerkrieg das Land verwüstete, verbrachte der oberste Militärherr Japans, Shōgun Yoshimasa, seine Tage mit dem Komponieren von Versen und dem Betrachten von Gemälden oder altem Porzellan, wenn er nicht gerade verschwenderische Feste abhielt. Rivalisierende Provinzfürsten legten das Land in Schutt und Asche, und der schon lange schwelende Unmut der Bauern machte sich in offenem Aufruhr Luft. Der Shōgun aber meditierte in seinen Gärten oder entwarf neue Paläste. Eine Ära größerer Kontraste als die Zeit von der Mitte des 14. bis zum 16. Jahrhundert unter dem Shogunat der Ashikaga-Familie ist kaum vorstellbar. Diese sogenannte Muromachi-Periode ist nach dem Stadtteil Kyōtos benannt, in dem die Ashikaga-Oberhäupter residierten. Zwei große Kunstkenner dieser Familie, die Shōgune Yoshimitsu (1358–1408) und sein Enkel Yoshimasa (1436–1490), bewirkten eine Renaissance der japanischen Kunst. Andererseits führte ihre Vorliebe für die bildende Kunst, Philosophie und Literatur sowie ihre ungezügelte Verschwendungssucht beim Bau neuer Paläste und Gärten oder beim Erwerb von Gemälden und Keramik zum politischen Kollaps.

Ausgangspunkt für die Probleme der Muromachi-Periode war der Triumph über die Mongolen. Ganz Japan fand sich vereint zur Abwehr der feindlichen Invasion. Aber diese Einheit wurde rasch brüchig, als in den folgenden Jahrzehnten der Samurai-Kodex von Ehre und Treue mit dem Anspruch auf Kriegsbeute kollidierte. Traditionsgemäß belohnte der Kaiser oder der Shōgun seine Gefolgsleute und Generale mit Ländereien, die den Besiegten abgenommen worden waren. Doch da die Mongolen von außerhalb gekommen waren, gab es kein Land zu verteilen. Kriegsleute aus

Shōgun Ashikaga Yoshimasa; Porträt aus dem 15 Jh. Unter seiner Herrschaft kam es zu einer Renaissance der Künste der Muromachi-Periode.

allen Teilen Japans richteten Petitionen an den Shōgun, in denen sie ihrem Ärger und ihrer Enttäuschung Ausdruck gaben.

Unzufriedene Anführer bekriegten sich gegenseitig, und die Bindungen zwischen den Samurai und dem Shōgun wurden zusehends schwächer, so daß der Kaiser Go-Daigo die Zeit für gekommen hielt, das Joch des Shogunats abzuwerfen. Er fand rasch Alliierte unter den verstimmten Anführern, die den Shōgun absetzten und Kamakura niederbrannten. Doch dann beging Go-Daigo denselben Fehler wie der Shōgun: Er unterließ es, seine Generale zu belohnen. Daraufhin riß der Anführer der Ashikaga, Takauji, unter Mißachtung der kaiserlichen Oberhoheit die Ländereien des abgesetzten Shōgun als Kriegsbeute an sich. Go-Daigo sandte Truppen gegen ihn, doch Takauji eroberte Kyōto, vertrieb den Kaiser und setzte einen Gegenkaiser ein, der ihn zum Shōgun ernannte. So gab es vom Jahr 1336 an in Japan zwei Kaiser. In Kyōto regierte die Marionette der Ashikaga-Sippe und im Süden Go-Daigo und seine Nachfolger. Beide Kaiser wurden von mächtigen Gefolgsleuten unterstützt, die sich bis ins Jahr 1392 ständig bekriegten. Dann schlug Shōgun Yoshimitsu einen Kompromiß vor: der im Süden herrschende Kaiser sollte nach Kyōto zurückkehren, und die beiden rivalisierenden Zweige der kaiserlichen Familie würden dann abwechselnd den Thron besetzen. Doch das war nichts als eine List. Sowie die kaiserlichen Insignien zurück in Kyōto waren, schloß Yoshimitsu die südliche Linie von der Thronfolge wieder aus.

Yoshimitsu gab auch ein über lange Jahre verfolgtes politisches Prinzip der Shōgune auf, das Yoritomo beispielsweise zur Aufrechterhaltung der Militärherrschaft als unerläßlich betrachtet hatte: Er und seine Nachfolger hielten ihre Generale von Kyōto fern, um sie nicht den Versuchungen des bequemen Hoflebens und seiner Intrigen auszusetzen. Yoshimitsu dagegen ermunterte sie, sich in Kyōto niederzulassen, da er meinte, sie so besser überwachen zu können. Er verwöhnte sie mit üppigen Gaben und Festen und bediente sich für alle wichtigen politischen Geschäfte einer von Höflingen geführten, höchst unübersichtlichen Bürokratie.

Die rauhbeinigen Krieger der Ashikaga, die jetzt nach Kyōto kamen, erregten die herablassende Heiterkeit der aristokratischen Hofgesellschaft, deren Familien bis in die Heian-Epoche zurück-

Drei Samurai in eleganten Roben essen Reis aus Lackschalen, während ihnen eine Frau sake *(Reiswein) kredenzt. Trotz der blutigen Clan-Kriege ahmten die den Ashikaga-Shōgunen verpflichteten Samurai den Lebensstil der höfischen Gesellschaft in Kyōto nach (Ausschnitt einer Bildrolle aus dem 14. Jh.).*

reichten. Aber unter Yoshimitsus und später Yoshimasas Obhut erwarben sich die alten Haudegen mehr als nur einen kulturellen Firnis. Sie wurden zu Förderern begabter Künstler und kannten sich bald in den Feinheiten der Kunstkritik aus. Vor allem aber sorgten sie für die finanziellen Mittel, durch die die Muromachi-Renaissance der Künste erst möglich wurde.

Yoshimitsus Förderung der Künste verfolgte nicht zuletzt politische Absichten. Der Shōgun wollte nicht allein durch militärische Macht regieren, sondern als legitimer Herrscher anerkannt werden. Und er glaubte, daß er als Erhalter und Erneuerer der Kultur Japans diese Legitimität gewinnen könnte. Prunk und Glanz waren wesentliche Bestandteile von Yoshimitsus Politik, da er wußte, wie wichtig es war, den Hof ständig zu unterhalten und zu amüsieren. Doch zugleich glaubte er an die besondere Kraft der Kunst, die Seh- und Denkgewohnheiten zu ändern und den Weg zur Erleuchtung des Geistes freizumachen. Diese künstlerischen Ideale hatten ihren Ursprung in der Hingabe des Shōgun an den Zen-Buddhismus.

Die buddhistische Zen-Sekte wurde während der Muromachi-Periode in Japan zur eigentlichen Staatsreligion. Sie lehrte, daß es keineswegs nötig sei, sich ausführlich mit den heiligen Schriften des Buddhismus zu beschäftigen, um Erleuchtung zu erlangen – im Gegenteil: Die logische Analyse blockiere eher das Erreichen dieses Ziels. »Wie ein blitzendes Schwert« sollte nach den Worten eines Zeitgenossen die Erleuchtung über den kommen, der sich meditierend in sich selbst versenkte. Der Geist des Zen durchdrang auch die Kunst der Muromachi-Periode, um so mehr, als viele der Künstler zugleich Zen-Priester waren.

Der Zen-Einfluß bestimmte vor allem die Malerei und Architektur. Auf beiden Gebieten bevorzugte man einfache stilistische Mittel ohne Beachtung der Details, da nüchterne Werke angeblich die Meditation anregten. Japanische Landschaftsmaler, die sich in China die Techniken ihrer Kollegen unter der Song-Dynastie angeeignet hatten, entwickelten bei der Tuschmalerei den neuen, ruhigen Schwarzweißstil. Sie glaubten, daß Farben lediglich die Oberfläche einer Landschaft, nicht aber ihr eigentliches Wesen wiedergeben könnten. Zen-Meister entwarfen aber auch Bauten inmitten streng stilisierter Gärten (Seite 96–109), die auch in erster Linie der Selbstversenkung dienen sollten. Das oberste Stock-

Drei hochstehende Hofbeamte, in der Kleidung weltentsagender Eremiten, lustwandeln in einem Hain. (Tuschmalerei aus dem 16. Jh.) Angeregt durch den sich während der Muromachi-Periode ausbreitenden Zen-Buddhismus, wurde der Rückzug in die Wildnis immer populärer.

werk des Kinkakuji oder »Goldnen Pavillon«, den sich Yoshimitsu im Jahr 1397 hatte errichten lassen, enthielt einen einfachen kleinen Raum mit einer Decke aus goldenem Blattwerk, wo der Shōgun, inzwischen selbst zum Zen-Mönch geworden, ungestört meditieren konnte.

Im Jahr 1449 übernahm das Shogunat Yoshimitsus Enkel Yoshimasa, dessen Vater durch einen Vasallen ermordet worden war. Er interessierte sich aber sehr viel mehr für Malerei, Literatur und den Bau neuer Paläste als für die Regierungsgeschäfte. Und besonders gern arrangierte er Teezeremonien.

Zen-Mönche hatten entdeckt, daß der Tee sie bei ihren Meditationen wachhalten konnte. Allmählich entwickelte sich daraus ein teils religiöses, teils ästhetisches Ritual mit festen Regeln. Dazu traf man sich mit Freunden und Bekannten in sparsam möblierten Räumen, trank Tee und diskutierte beispielsweise über eine Malarbeit, die einer der Gäste mitgebracht hatte, oder über ein Gedicht. Die Zubereitung des Tees, eine disziplinierte Handlung, und der gemeinsame Genuß nach dem Zen-Ritual sollte den Geist von den Alltagssorgen befreien. Yoshimasa ließ kostbare alte Teeschalen und andere Gefäße sammeln, die er bei diesen Zeremonien zur Schau stellte. Er selbst brauchte sich nicht erst durch ein bestimmtes Ritual von den Sorgen seines Amtes zu lösen.

Sein mangelndes Interesse an den Regierungsgeschäften trug zum raschen Niedergang der Macht des Shogunats bei. Wieder gewannen die Provinzfürsten wegen der Schwäche der Zentralregierung ein hohes Maß an Unabhängigkeit. Yoshimasa teilte den Rest von Autorität, der ihm geblieben war, überdies mit den Damen seiner Umgebung. So konnten nicht nur seine Gattin, sondern auch seine Mutter oder eine seiner Mätressen jederzeit ein regierungsamtliches Edikt verhindern. Kaum weniger leichtsinnig ging der Shōgun mit dem Geld um. So baute er für sich und seine Mutter neue Paläste, ohne auch nur einen Gedanken an die Finanzierung zu verschwenden. Als die Mittel dann knapp wurden, borgte er sich Geld bei den reich gewordenen Zen-Tempeln.

Ihr Reichtum stammte vorwiegend aus China. Die Mönche, die als einzige in Japan sowohl das archaische wie das zeitgenössische Chinesisch beherrschten, unternahmen regelmäßig Handelsreisen zu dem großen Nachbarn. Die Chinesen kauften in erster Linie japanische Rohstoffe wie Kupfer und Schwefel, aber auch

DIE PLÖTZLICHE ERLEUCHTUNG

Die einflußreichste geistige Lehre unter den Ashikaga-Shōgunen und ihren Regenten war der Zen, eine während der feudalen Epoche aus China nach Japan gelangte buddhistische Schule der Meditation. Zen kannte keinen Glaubenskanon und keine vorgeschriebenen Rituale. Vielmehr glaubten seine Anhänger an die persönliche Erleuchtung, *satori*, durch das der Gläubige »Die plötzliche Erleuchtung« erfuhr. Der Gründer dieser mystischen Schule war der indische Patriarch Bodhidharma. Nach der Legende kam er 520 nach China und machte Kaiser Wu, einem frommen Buddhisten, seine Aufwartung. Dieser versuchte seinen Gast mit den vielen von ihm errichteten Tempeln zu beeindrucken. Erschüttert über diese leere Eitelkeit, verließ Bodhidharma den Palast, überquerte den Jangtsekiang auf einem Schilfrohr und reiste weiter bis zu einem Bergkloster. Dort saß er angeblich neun Jahre lang meditierend vor einer Felsklippe, bis ihm die Beine abstarben.

Diese mythische Prüfung dramatisierte die strenge Selbstdisziplin, die dem Zen zugrunde liegt. Seine Anhänger werden zum Beispiel angehalten, über rational unlösbare Probleme, die sogenannten *kōans*, zu meditieren, um das Vertrauen in die Allgemeingültigkeit der Rationalität zu unterminieren. (Das berühmteste dieser philosophischen Rätsel lautet: »Wie klingt es, wenn man mit einer Hand klatscht?«) Genau wie Buddha fand auch Bodhidharma, den die Japaner Daruma nennen, viele Anhänger, die seine Lehre weitertrugen. So beherrschte Zen schließlich fast jede Ausdrucksform japanischen Lebens. Selbst die Kinder zollten ihm unbewußt Respekt, wenn sie sich mit einem ihrer Lieblingsspielzeuge beschäftigten, dem Daruma – einer rundlichen Puppe ohne Beine.

Ein aus dem 13. Jh. stammendes Porträt von Daruma (Bodhidharma), dem ersten Patriarchen des Zen-Buddhismus.

kunstgewerbliche Objekte wie Fächer und Lackarbeiten. Ganz besonders begehrt aber waren japanische Schwerter, die als die besten der Welt galten. In einem einzigen Jahr kauften die Chinesen siebenunddreißigtausend japanische Schwerter. Dafür brachten die Zen-Priester Keramiken, Bücher, Textilien und große Mengen Bargeld in Form von Kupfermünzen nach Hause. Der Handel war im frühen 15. Jahrhundert für die Japaner so lukrativ geworden, daß es sogar in China an Münzen gemangelt haben soll.

Als auch das geliehene Geld für seine Bauvorhaben nicht mehr ausreichte, hob Yoshimasa die Steuer immer weiter an. Seine Steuereintreiber nahmen den Bauern bis zu siebzig Prozent ihrer Einkünfte ab. Und auch in den Städten wurden immer neue Steuerabgaben gefordert, um die Bedürfnisse der hohen Herren zufriedenzustellen. Bauern, die ihre Produkte in die Städte brachten, oder Kaufleute, die mit ihren Waren über Land zogen, mußten überall Wegzölle bezahlen. Jeder Grundbesitzer, Amtsinhaber und Tempelverwalter errichtete Zollschranken an den Grenzen seiner Ländereien oder seiner Gerichtsbarkeit. Es gab Straßen, auf denen der Reisende bereits nach einer Meile erneut für sich und seine Güter Zoll entrichten mußte.

Nach der Bezahlung sämtlicher Steuern und Zölle blieb den Bauern oft nicht mehr genug Geld, um das Saatgut für die nächste Pflanzzeit zu kaufen, und sie mußten sich an halsabschneiderische Pfandleiher wenden. Auch einfachere Samurai, die ihr bescheidenes Land hatten beleihen müssen, kamen in immer größere finanzielle Schwierigkeiten. In der Angst, Land und Habe zu verlieren, wandten sich Bauern und Samurai an den Shōgun, der sich schließlich gezwungen sah, »Edikte einer Guten Regierung« herauszugeben, in denen die Tilgung der Schuldenlasten geregelt wurde. Die ersten dieser Edikte waren vom Kamakura-Regime zur Unterstützung seiner Samurai erlassen worden. Doch in Yoshimasas Regierungszeit verlangten die Bauern dieselbe Gunst. Sie rotteten sich auf dem flachen Land und in Kyōto zusammen und griffen die Läden von Pfandleihern oder anderen Gläubigern an, um die Schuldbücher zu zerstören oder sich mit Gewalt ihre Pfänder zurückzuholen. Erschrocken über diese Ausschreitungen, gab Yoshimasa insgesamt nicht weniger als dreizehn solcher Edikte heraus. Normalerweise erlaubten sie dem Schuldner, ge-

Die während der Muromachi-Periode vorherrschende Leidenschaft für chinesische Kunst trug zur Entstehung dieses zusammenfaltbaren Wandschirms bei, auf dem sich eine Gruppe von Edelleuten um die »vier Fertigkeiten der Weisen« bemüht: Schach- und Lautenspiel, Kalligraphie und Malerei. Diese aus China importierten Künste gelangten vor allem unter Yoshimasa zu hoher Blüte.

gen Bezahlung von nur zehn Prozent seiner Verbindlichkeiten seine Pfänder und sein Land zurückzufordern.

Diese finanzielle Machenschaft stürzte die Privatwirtschaft ins Chaos, auch wenn den armen Bauern zumindest vorübergehend damit geholfen war. Kein Mittel aber gab es gegen die zwischen den Jahren 1457 und 1461 das Land heimsuchenden Hungersnöte und Seuchen. Aus allen Himmelsrichtungen schleppten sich die Siechen und Sterbenden in die Hauptstadt, um vielleicht ein paar Krumen ihres sagenhaften Reichtums zu erhaschen. Ein buddhistischer Mönch errichtete vor der Stadt ein Auffanglager aus Grashütten, in denen achtzigtausend Flüchtlinge hausten. An einem Tag trieben zwölfhundert Leichen in den beiden Flüssen der Stadt. Doch Yoshimasa schien das allgemeine Elend kaum wahrzunehmen. Kaiser Go-Hanazono, der das Leiden seines Volkes sah, aber über keinerlei Mittel zu seiner Linderung verfügte, bediente sich eines traditionellen und altbewährten Mittels, um die Aufmerksamkeit des Shōgun zu erringen: er schickte ihm ein Gedicht:

Das leidende Volk kämpft um Gras auf dem Berg Shouyang.
Die Herde sind erloschen.
Die Bambustüren verschlossen.
Es ist Frühling, der zweite Monat.
Aber die Poesie schenkt keine Freude.
Für wen erblühen die Farben im Land?

Die Antwort auf die Frage der letzten Zeile lautete: für Shōgun Yoshimasa, der ganz zweifellos gerade seine Frühlingsfeste plante, um im Kreis seiner Höflinge die neue Blumenpracht zu bewundern und mit goldenen Eßstäbchen im Freien zu speisen.

Im Jahr 1464 wurden dem neunundzwanzigjährigen Yoshimasa selbst die wenigen Regierungspflichten, die er ausübte, zuviel. Er verkündete seinen Rücktritt zugunsten seines Bruders. Doch Tomiko, seine Gattin, war damit nicht einverstanden, da sie das Shogunat für ihren Sohn beanspruchte. Sie und Yoshimasas Bruder versicherten sich der Unterstützung der Daimyōs, jener Lokalfürsten, die die mächtigen Armeen befehligten. Schon bald lagen sich vor Kyōto zwei Armeen mit je etwa achtzigtausend Mann gegenüber. Der Nachfolgestreit war für die durch Handel und die Einnahmen aus Grund und Boden reich gewordenen Daimyōs ein

Auf dem in chinesischem Stil gemalten Bild steht ein Schüler respektvoll vor einem Zen-Priester. Dieser sitzt hinter einem Tisch mit einem einfachen Blumenarrangement. Die Kunst des Blumensteckens, ikebana, *wurde als natürliche Ausdrucksform des Zen verstanden. Selbst Krieger versuchten, durch diese Kunst innere Gelassenheit zu erreichen.*

willkommener Vorwand, ihre ganz privaten Interessen zu verfolgen. Im Jahr 1467 kam es dann zu einer ersten Schlacht zwischen den rivalisierenden Parteien. Damit begann eine sich über elf Jahre hinziehende Periode immer wieder aufflackernder Auseinandersetzungen, die als Ōnin-Krieg in die Geschichte eingegangen ist. Aber das war kein ritterlicher Kampf in der Tradition der Samurai, sondern eine brutale Schlacht zwischen Truppenmassen.

Ironischerweise ging der Mann, der diesen Konflikt ausgelöst hatte, nähmlich Shōgun Yoshimasa, unbeschadet aus diesen ganzen Auseinandersetzungen hervor. Nicht weil ihn die Daimyōs besonders verehrt hätten, sondern weil er keine Macht mehr besaß. Im Ōnin-Krieg gab es keinen Sieger, außer vielleicht Tomiko, die zu enormen Zinssätzen Geld an beide Seiten verlieh. Keiner der Daimyōs konnte die Machtverhältnisse für sich entscheiden, dafür aber brach das schon lange angeschlagene Shogunat endgültig zusammen. Außerdem trugen die Streitigkeiten der Muromachi-Periode dazu bei, daß die kaiserliche Familie völlig verarmte. Selbst als Galionsfiguren waren die Kaiser kaum noch gefragt. In kalter Gleichgültigkeit beobachteten der Shōgun und die Daimyōs den Niedergang des Kaisertums. Im Jahr 1500 blieb ein Kaiser sechs Wochen lang unbeerdigt, weil das Geld für sein Begräbnis fehlte. Ein anderer Kaiser mußte seinen Lebensunterhalt durch das Anfertigen von Kalligraphien bestreiten – jeder konnte in den Palast kommen, um sich vom Kaiser sein Lieblingsgedicht in Schönschrift abschreiben zu lassen.

Das Land lag in Schutt und Asche, als Yoshimasa sich Gedanken über seinen Alterssitz machte. Auf einem Grundstück vor den Toren Kyōtos ließ er den Ginkakuji oder »Silberpavillon« errichten (Seite 95), der im Innern mit silbernem Blattwerk verziert werden sollte, was aber nie geschah. Das einfache, fast bescheiden wirkende zweistöckige Bauwerk aus unbemaltem Holz steht inmitten eines abgeschiedenen Parks an einem wunderschönen kleinen See. Hier verbrachte Yoshimasa den Rest seines Lebens, inmitten seiner Sammlung chinesischer Keramiken und Gemälde, und zelebrierte im Kreis seiner Vertrauten das Tee-Ritual, während die Daimyōs erneut in den Krieg zogen. Yoshimasa starb im Jahr 1490, und zwar so, wie er gelebt hatte: Draußen wüteten politische Stürme, er aber blieb unberührt davon in der luxuriösen Abgeschiedenheit seiner Umgebung wie im Auge des Hurrikans.

Der »Silberpavillon« Yoshimasas steht an einem schimmernden Gartenteich, dem Mittelpunkt seines 1474 östlich von Kyōto erbauten Landsitzes.

Die Muromachi-Epoche war für alle Künste eine Zeit der Blüte, in besonderem Maße aber für die in und um Kyōto entstehenden Gartenanlagen. In Verbindung mit architektonischen Akzenten befriedigten diese von Menschenhand geschaffenen Landschaften ein bei den Japanern besonders ausgeprägtes Naturempfinden. Das wiederum hat seinen Ursprung in der Religion; denn viele der *kami* im Shintō-Kult waren Götter, die in Felsen, Hügeln und Bäumen verehrt wurden. Aber auch die natürliche Schönheit der japanischen Landschaft trug dazu bei. Die Kunst der Landschaftsgestaltung kam – wie so vieles andere – im 7. Jh. aus China nach Japan; doch bald schon entwickelten die Japaner einen ganz eigenen Stil. Die Gärten der Muromachi-Zeit verdanken viel der Landschaftsmalerei, und ein großer Teil wurde tatsächlich von Landschaftsmalern entworfen, die versuchten, die mit Pinsel und Tusche auf Papier erzielten Effekte in der Natur zu verwirklichen. Starken Einfluß auf die Gartengestaltung hatte auch der Zen-Buddhismus. Seine Forderung nach Disziplin und Einfachheit führte zu kunstvoll verdichteter, symbolischer Gestaltung der Natur, die nicht nur dem ästhetischen Genuß, sondern strenger Meditation dienen sollte.

Die Künstler legten Gärten ganz verschiedener Größe an, die sich vor allem in der Verwendung und im Arrangement von Gewässern, Steinen, Moosen und so weiter beträchtlich voneinander unterschieden. Das in Teichen und Tümpeln schimmernde Wasser ist der Mittelpunkt der Gartenanlage um Yoshimasas »Silberpavillon«, die rechts und auf den Seiten 98/99 im Ausschnitt zu sehen ist. Der wahrscheinlich von Soami, einem der berühmtesten Muromachi-Maler, geplante Garten sollte dem Spaziergänger immer neue Szenerien und Perspektiven bieten, ebenso dem Betrachter auf dem Balkon des Pavillons.

Ein stiller Teich im Garten des »Silberpavillon« reflektiert einen 1,8 m hohen stumpfen Sandkegel in Form eines Vulkans. Zu Yoshimasas Zeiten war es wahrscheinlich nicht mehr als ein schimmernder kleiner Sandhügel, und erst später gab man ihm seine heutige Form.

Wasser umspielt einen großen Stein, der hier aus zwei verschiedenen Winkeln zu sehen ist. Er ist Teil eines Teichs mit einem kleinen Wasserfall, der bereits zur Grundkonzeption der den »Silberpavillon« umgebenden Gartenanlage gehörte. Die Gartenkünstler verwandten große Sorgfalt auf das Arrangement von Steinen, wobei es ebenso um Natürlichkeit wie um ästhetische Effekte ging; vor allem aber sollte es Geist und Gemüt des Betrachters anregen. Dieser Stein zum Beispiel könnte den vergeblichen Widerstand des einzelnen gegen den Strom des Wassers [der Zeit] versinnbildlichen. Yoshimasa liebte seinen Garten im milden Schein des Mondes und nannte diesen Teich Sengetsugen *(Mondwaschende Quelle) – vermutlich, weil sich das Spiegelbild des Mondes in der Quelle »badet«.*

Moose vor allem, statt Wasser, prägen das Bild des üppigen Gartens, der hier und auf den folgenden vier Seiten abgebildet ist. Sie überziehen den Boden des im westlichen Kyōto liegenden Zen-Klosters Saihōji. Ursprünglich im 12. Jh. angelegt, wurde der Garten 1339 durch Soseki, einem berühmten Priester und Gärtner, rekonstruiert. So entstand in Japan einer der ersten und schönsten Gärten zum Spazierengehen. Frühere Parks waren so angelegt, daß sie dem Betrachter von einem Gebäude aus oder bei einer Bootsfahrt die reizvollsten Einblicke boten. Doch im Saihōji konnten die Mönche und die Müßiggänger über weiche Moosteppiche spazieren, deren vielerlei Grüntöne ineinander übergingen wie auf einem auf Seide gemalten Bild. Die geschützte Lage des Klosters und die reichen Böden brachten Moose in verschwenderischer Fülle hervor. Im Lauf der Jahrzehnte entstanden mehr als vierzig Arten, die nach allen Seiten in weich fließenden Wellen und allen Grünschattierungen das Gelände überwucherten.

Dieser Garten entzückte nicht nur Aristokraten und Feldherren, sondern vor allem Yoshimasa, der sich hier Anregungen für seinen Garten rund um den »Silberpavillon« holte. Mehrmals pro Jahr besuchte der Shōgun den Saihōji, wobei er immer wieder betonte: »Die Schönheit dieses Gartens ist unerschöpflich!«

In einem mit Bäumen bewachsenen Teil des Moosgartens von Saihōji bedecken die unterschiedlichsten Moosarten wie ein Samtteppich den Boden, während graugrüne Flechten die Baumstämme überziehen. Oft wurden Bäume zwischen den Klöstern als Geschenke ausgetauscht.

Eine dicke Moosdecke breitet sich über die verwitterten Wurzeln eines alten Baums. Die tiefe Ruhe, die dieser Anblick beim Betrachter auslöst, nannten die Japaner yūgen *(geheimnisvolle Schönheit). Der Saihōji gedieh so üppig, daß Legenden entstanden, nach denen das Kloster das Heim wohltätiger Götter war.*

SEITE 104/105: *Zwei Steine scheinen in einem Meer sternförmigen Mooses zu treiben. Die Japaner schrieben den Steinen ein Geschlecht zu, und Gartenkünstler arrangierten sie in ganz bestimmter Weise. Der steil aufgerichtete größere Stein (rechts) wurde als männlich, der kleinere, leicht gewölbte (links) als weiblich betrachtet.*

Im Garten von Daisenin (links und auf den Seiten 108/109), einem kleinen Tempel innerhalb des großen Zen-Klosters Daitokuji, gibt es kein Wasser und fast keine Vegetation. Betont schlicht, wie ein Gemälde, das mit wenigen meisterhaften Strichen auskommt, gehört der Garten zu den hervorragendsten Beispielen des *kare sansui*, der »trockenen Landschaftsgestaltung«. Auf begrenzter Fläche arrangierte der Künstler Felsen, Kies und ein paar Sträucher und erweckte damit nicht nur den Anschein einer Naturlandschaft, sondern auch den eines weiten Panoramas. Die Tradition schreibt diesen Kunstgarten Soami, dem großen Maler und Landschaftsgärtner am Hof Yoshimasas, zu. Doch er könnte auch von Kogaku entworfen worden sein, jenem Priester, der den Tempel 1513 gründete, als die Muromachi-Periode ihrem Ende zuging. Der einzige Zweck dieses Gartens ist die Hinwendung zur Kontemplation. Aber die Art, in der hier die Welt rein und in nüchterner Schönheit auf kleinstem Raum dargestellt wird, macht diesen Garten zum Meisterwerk der Gartenbaukunst.

Eine strenge, aus Felsen und Kies geschaffene Landschaft umgibt die Behausung des Abtes (unten links) im Daisenin-Tempel. Große, kantige Felssteine (oben links und Mitte) symbolisieren Berge, aus denen ein imaginärer Wasserfall in die Tiefe stürzt und sich in den Fluß aus weißem Kies »ergießt«. Der wellenartig gerechte Kies täuscht Wasser vor, das unter einer Steinbrücke hindurch an der Veranda entlangfließt, wo es ein anderes Steinarrangement »umspült«.

Drei Felsen erheben sich wie kleine Inseln aus einem vorgetäuschten Fluß (oben), dessen Wasser an dem kleinen Studierzimmer vorbeizufließen scheint. Die sehr unterschiedlich geformten Steine in Daisenin könnten aus den Landgütern der Ashikaga-Shōgune stammen, die bereits verfielen, als man mit der Gestaltung dieses Gartens begann. Unter der Veranda macht der »Fluß« einen Bogen und ergießt sich in eine ebenfalls wellenförmig geharkte Sandfläche (rechts), in deren Mitte sich ein Sandkegel erhebt. Dieses Arrangement verkörpert den Ozean, und so läßt sich auf kleinstem Raum der Anfang des Flusses von der Quelle im Gebirge, vorbei an den Behausungen der Menschen bis zu seiner Einmündung ins Meer verfolgen.

V

HIDEYOSHIS MÄCHTIGE REGENTSCHAFT

DER VERFALL DER MACHT

Als meine Mutter im Begriff war, mich zu empfangen, hatte sie einen glücksverheißenden Traum. In jener Nacht erfüllte Sonnenlicht ihr Gemach, so daß es schien, es sei hoher Mittag. Alle waren sprachlos, und der Wahrsager erklärte: ›Das ist ein Zeichen des Himmels – wenn dieses Kind ins Mannesalter tritt, wird sein Ruhm in zehntausend Himmelsrichtungen erstrahlen.‹«

Das Kind erfüllte die Prophezeiung. Toyotomi Hideyoshi sollte einer der berühmtesten Feldherrn Japans werden und das Land vereinen. Vermutlich war er auch der bis zu diesem Zeitpunkt reichste Mann der japanischen Geschichte; zu seinem persönlichen Besitz zählten unter anderem auch Gold- und Silberminen. Er ließ eine gewaltige Festung mit einem Umfang von etwa dreizehn Kilometern erbauen; und er sorgte dafür, daß es dem Kaiser in seinem »Palast der versammelten Freuden« an nichts fehlte. Einmal bedeckte er eine ganze Straße mit Schalen voller Gold- und Silbermünzen, um sie dann zu verschenken. Ein japanischer Autor, der Hideyoshis legendäre Extravaganzen wahrscheinlich mit eigenen Augen gesehen hatte, beschrieb ihn als »einen Strom, einen Ozean an Edelmut, der in allem nach Größe strebte«.

Die Geschichte seiner Empfängnis, die er in seinen Fünfzigern niederschrieb, enthüllt Bedeutsames über seinen Charakter. Hideyoshi selbst glaubte an das wundersame Licht und nahm es als

Ein Porträt Toyotomi Hideyoshis, das die kühne und energische Persönlichkeit des Mannes, der Japan einigte, wiedergibt.

Zeichen seiner Auserwähltheit; er war der Mann, der »des Himmels Willen« vollstrecken sollte. Doch diese Geschichte ist auch in dem bedeutsam, was sie verschweigt: Sie enthält keinerlei Hinweis auf den Vater. Es könnte sein, daß Hideyoshi der Sohn eines Bauern oder kleinen Höflings war – ein Fehltritt, wie einige zeitgenössische Historiker vermuteten. Auf jeden Fall war er von niederer Herkunft, so daß er seine Vergangenheit lieber geheimhielt und dafür die Legende förderte. Das gelang ihm so gut, daß man weder seinen Geburtsort noch das genaue Geburtsjahr kennt, entweder 1536 oder 1537.

Hideyoshi wurde in eine Ära hineingeboren, die von den Japanern Sengoku Jidai, »Periode der kämpfenden Provinzen«, genannt wird. Die Ashikaga-Shōgune hielten noch an ihrem Amt fest, waren aber praktisch machtlos. Gleich nach Ende des Ōnin-Kriegs hatten die großen Feudalherren begonnen, sich gegenseitig zu bekriegen. Auch die mächtigen buddhistischen Tempel schickten ihre Armeen aus, um soviel Land wie möglich unter ihre Herrschaft zu bringen. Schon im Ōnin-Krieg war von ritterlicher Kampfführung kaum noch die Rede; aber die von den Provinzfürsten immer häufiger errichteten Festungsanlagen veränderten die Technik der Kriegführung endgültig. Die Streitigkeiten zogen sich fast über ein Jahrhundert hin; und wahrscheinlich hätten sie noch länger gedauert, wäre nicht im Jahr 1542 ein chinesisches Schiff während eines Sturms an der japanischen Küste gestrandet.

An Bord befanden sich drei portugiesische Handelsleute. Im Jahr 1498 hatte der portugiesische Seefahrer Vasco da Gama die Südspitze Afrikas umfahren und war nach Norden Richtung Indien gesegelt, um zwischen Europa und Asien eine Seeverbindung herzustellen. In nur vier Jahrzehnten errichteten die Portugiesen zwischen Afrika und China eine Kette von Handelsstationen, an denen sie ihre Schiffe mit asiatischen Gewürzen für die aufnahmebereiten Märkte Europas beluden. Die Japaner, die zufällig auf das an der kleinen Insel Tanegashima vor der Südküste Kyūshūs gestrandete Schiff stießen, waren die ersten ihres Volks, die in Kontakt mit Europäern kamen.

Die zufällige Landung an Japans Küste öffnete das Land für die portugiesischen Händler, die überall herzlich willkommen geheißen wurden. Ihnen folgten die Missionare der Jesuiten, die sich bald den Respekt der einheimischen Oberklasse errangen – ihr

Umgeben von seinem Gefolge, wird Hideyoshi in einem Tragsessel zu einem Kirschblütenfest getragen. Ein modebewußter Edelmann in der Mitte trägt den hohen Hut, das Wams und die Pluderhosen der kurz zuvor ins Land gekommenen portugiesischen Händler.

Wissen und ihre Selbstdisziplin standen in wohltuendem Kontrast zur Dekadenz des kriegslüsternen buddhistischen Priesterstandes. Von ihnen hörten die Japaner auch erstmals von der Reise des Kolumbus. Während der kommenden vierzig Jahre traten ungefähr einhundertfünfzigtausend Japaner zum Christentum über. Einen sehr viel größeren Einfluß auf die weitere Entwicklung Japans hatte jedoch die Einführung der Muskete. Die Japaner kauften sie nicht nur den Portugiesen ab, sondern lernten auch bald, ihre eigenen zu bauen; auch Schießpulver und sogar Kanonen stellten sie bald selbst her.

Hideyoshi und sein oberster Kriegsherr Oda Nobunaga gehörten zu den ersten, die erkannten, wie sehr die Muskete die Kriegführung revolutionieren würde. Nobunaga war ein zunächst bescheidener Daimyō, der seine militärischen Erfolge vor allem seinem Einfallsreichtum zu verdanken hatte. So gewann er im Jahr 1560 seine erste Schlacht, indem er seine dreitausend Mann während eines heftigen Gewittersturms zu einem Überraschungsangriff gegen eine Übermacht von fünfundzwanzigtausend Soldaten führte. Bei einem Kampf gegen überlegene Kavallerie stellte er auf dem Schlachtfeld Palisaden auf, hinter denen sich seine Musketiere verschanzten. Sie waren in drei Gruppen unterteilt, wobei jeweils zwei die Musketen luden, während die dritte feuerte. Das Dauerfeuer aus der Deckung der Palisaden heraus schlug schließlich die Angreifer in die Flucht.

Hideyoshi war als junger Offizier zu Nobunagas Armee gestoßen und stieg schnell auf, als dieser seine Geschicklichkeit bei der Einnahme von Festungen erkannte. In einem Fall hatte Hideyoshi seinen Männern Befehl gegeben, einen Fluß umzuleiten und so die Verteidigungsanlagen des Feindes zu überfluten. Als Nobunaga im Jahr 1568 im Triumph in Kyōto einritt und sich zum stellvertretenden Shōgun ernennen ließ, war Hideyoshi einer seiner wichtigsten Generale. Während der folgenden vierzehn Jahre fochten Nobunaga und Hideyoshi Seite an Seite gegen rivalisierende Clans und die Ikkō-Sekte fanatischer und kriegerischer buddhistischer Priester. Im Jahr 1582 wurde Nobunaga von einem verräterischen General ermordet, der seinerseits durch Hideyoshi den Tod fand. Die Heerführer anerkannten Hideyoshi als neuen Oberherrn. Nach weiteren zehn Jahren voller Kämpfe war Hideyoshi unumstrittener Herr über Japan. Sein einziger ernstzunehmender Rivale Tokugawa Ieyasu hatte sich schließlich mit ihm verbündet und dafür eine gewisse Unabhängigkeit in seinem Gebiet erlangt. In den Jahren 1585 und 1586 ernannte der Kaiser Hideyoshi erst zum Regenten und dann zum Großkanzler. Da diese Ämter traditionsgemäß von Mitgliedern der Fujiwara-Sippe ausgeübt wurden, ließ sich Hideyoshi durch eines ihrer Mitglieder adoptieren.

Der Herrscher Hideyoshi war noch anmaßender, einfallsreicher und strenger als der General Hideyoshi. Im Jahr 1583 befahl er eine neue Erfassung der Grundbesitzverhältnisse sowie der Einkommensverteilung im ganzen Land. Später enteignete er eine Reihe nicht auf ihren Ländereien wohnender Großgrundbesitzer und verteilte das Land an die darauf lebenden Bauern. Das war keineswegs ein Akt der Menschenfreundlichkeit, vielmehr hatte Hideyoshi die Absicht, per Gesetz eine stabile Bauernklasse zu schaffen. Seine großen gesellschaftlichen Ziele verkündete er in den Edikten von 1585 und 1586. Im Grunde beinhalteten sie eine Festschreibung der gegenwärtigen Verhältnisse. So wurde jedermann untersagt, ohne Erlaubnis ein Dienstverhältnis zu lösen, vor allem den Samurai wurde befohlen, in Treue zu ihren bisherigen Herrn zu stehen. Bauern sollten Bauern bleiben; und wer nicht schon in der Stadt wohnte, bekam auch keine Zuzugserlaubnis. Leute ohne festen Wohnsitz, vor allem wandernde Samurai, mußten den Regierungsstellen gemeldet werden.

Andere Militärführer vor Hideyoshi hatten eigene Regierungen gebildet, das Volk unterworfen und die Kaiser zu ihren Marionetten gemacht. Aber keiner von ihnen hatte je über die absolute Macht oder einen so unerschöpflichen Reichtum verfügt wie Hideyoshi. So galt es zu Kaiser Shōmus Zeiten als Wunder, wenn man irgendwo auf eine Goldmine stieß. Doch während der Regierungszeit Hideyoshis wurden immer neue Gold- und Silberlagerstätten entdeckt, da man auf seine Anweisung hin systematisch danach forschte. Hideyoshi betrachtete die japanischen Minen als seine Privatbank; jede von ihnen mußte zumindest einen Ertragsanteil an ihn entrichten; mehrere Minen gehörten ihm persönlich.

Frühere Herrscher hatten ihren Reichtum noch mit einer gewissen Zurückhaltung zur Schau gestellt. Selbst der verschwenderische Shōgun Yoshimasa hatte sich noch weitgehend an diese

Nahe den Ställen, in denen ihre Pferde untergebracht sind, sitzen Samurai in einem für Hideyoshis letzten großen Empfang aufgestellten Teehaus. Einige Monate vor seinem Tod hatte der Regent alte Mitkämpfer eingeladen, um mit ihnen über vergangene Zeiten zu plaudern.

Regel gehalten. Hideyoshi dagegen sonnte sich in seinem Reichtum und fand immer neue spektakuläre Wege, ihn zu präsentieren. Außerdem wußte er sehr wohl, wie sich Reichtum für politische Zwecke einsetzen ließ. So unterstützte er großzügig die Restauration der kaiserlichen Paläste in Kyōto, ließ aber für sich selbst den »Palast der versammelten Freuden« errichten, der nicht nur von einem vergoldeten Dach gekrönt wurde, sondern insgesamt sehr viel prunkvoller ausfiel als die kaiserliche Residenz. Im Jahr 1589 bedeckte man auf Hideyoshis Anweisungen hin im Palastbereich eine zweihundertsiebzig Meter lange Prachtstraße mit Schalen voller Goldmünzen – zusammen über sechzehntausend Pfund Gold. Hideyoshi weidete sich an der ängstlichen Spannung seiner Vasallen und Edlen, unter denen sich auch ein Bruder des Kaisers befand. Dann endlich las ein Hofbeamter die Namen der Empfänger vor, von denen die meisten zur Familie des Regenten gehörten. Selbst das Teezeremoniell, nach dem Vorbild des Zen ein strenges Ritual, wurde von ihm zu Präsentationszwecken mißbraucht, gleichgültig ob es im kleinen Teehaus stattfand, wo man aus einfachen Tonschalen trank, oder in einem dafür reservierten Palastgemach, das über und über mit goldenem Blattwerk verziert war.

Krönendes Symbol seiner Macht und seines Reichtums aber wurde ein befestigter Palast bei Ōsaka, der zu den größten Bauwerken seiner Zeit zählte. Die Arbeit daran begann im Jahr 1583. Voller Ungeduld setzte Hideyoshi Zehntausende von Arbeitern ein, deren Aufsehern er mit der Verbannung drohte, falls sie den Zeitplan nicht einhielten. Tag für Tag legte eine kleine Flotte von Schiffen an, beladen mit Steinen für die Türme (insgesamt sollten es einhundertfünfundzwanzig werden) und für die doppelte Umfassungsmauer, die ein Gebiet von einhundertneunzig Morgen einschloß. Im Mittelpunkt der Palastanlage – und damit Mittelpunkt des ganzen Reichs, da Hideyoshi seinen Regierungssitz hierherverlegte – erhob sich ein achtstöckiger Turm von dreißig Metern Höhe, der, blau- und goldglänzend, als Zeichen von Hideyoshis Autorität weit über Land und Meer zu sehen war.

Der gewaltigen Größe der Anlage entsprach auch die verschwenderische Pracht der Ausstattung. Hideyoshi versuchte mit Hilfe der Kunst die lebendige Natur in diese Welt aus Stein hereinzuholen. Er beauftragte die besten Maler seines Landes mit der

FORTSETZUNG SEITE 122

Hideyoshis Teehaus, das ursprünglich zur Palastanlage von Fushimi gehörte.

KOSTBARE ARMUT

In den Jahrhunderten nach der Einführung aus China entwickelte sich das Teetrinken in Japan zu einem ehrwürdigen Ritual. Im 16. Jh. war aus den verschiedenen Teetraditionen ein spezifisch japanischer Brauch geworden. Er wurde von Teemeistern überwacht, die sich nicht nur in der rituellen Teezubereitung auskannten, sondern in den Künsten ganz allgemein.

Meister wie Sen no Rikyū, ein Ratgeber Hideyoshis, kreierten einen Stil vorgetäuschter Armut, dem andere Teekenner unverzüglich folgten. Reiche Kaufleute, Adlige und kaiserliche Beamte ließen in sehr schlichten, aber kunstvollen Gartenanlagen Teehäuser errichten, die bescheidenen Hütten auf dem Land glichen. Ihr einziger Schmuck waren Teeutensilien, Blumen und vielleicht eine kalligraphische Schriftrolle. In diese weltentrückte Abgeschiedenheit luden die Reichen und Vornehmen ihre Freunde ein; oder auch Rivalen, um sich auszusöhnen. Sie boten ihnen Plätze auf Strohmatten an und bedienten sie persönlich. Die gemeinsam erlebte Genügsamkeit und die Würdigung der wenigen exquisiten Gebrauchs- und Kunstgegenstände reinigten und erfrischten Geist und Seele der Teetrinker.

Doch das Element der bewußten Enthaltung und Meditation wurde oft überlagert durch ehrgeizige Versuche, sich gegenseitig an raffinierter Schlichtheit zu übertrumpfen. Gelang einem der Teekenner eine wirkliche Neuerung an einem Detail des Gartens oder des Teehauses, zum Beispiel bei der Auswahl oder Anordnung der Teeutensilien, konnte er der Bewunderung der vornehmen Welt sicher sein. Aber die Teemeister, die absoluten Richter feiner Sitten, waren keineswegs gegen weltliche Versuchungen gefeit. So verscherzte sich der allseits verehrte Rikyū das Wohlwollen Hideyoshis, weil er sich heimlich an Teeschalen, Teebehältern, Kesseln und Töpfen bereicherte.

Das Innere des Fushimi-Teehauses (rechte Seite) zeigt die Vorliebe für naturbelassene Hölzer und Strohmatten – tatami *genannt. Die Inschrift auf der Tafel bedeutet: Ort der Muße.*

Der Wasserbehälter war das größte und auffälligste Gefäß bei einer Teezeremonie. Er stand vor dem Gastgeber, der daraus den Teekessel füllte und darin den Teequirl reinigte. Der Keramiktopf links mit der dickflüssig aufgetragenen Glasur stammt aus Karatsu, einer Region, in der gewöhnliche bäuerliche Gegenstände hergestellt wurden, stark beeinflußt durch die dort wohnenden koreanischen Töpfer. Bestimmte Gefäße wurden nicht nur wegen ihrer materiellen Qualitäten geschätzt, sondern auch, weil ein berühmter Teemeister sie ausgewählt hatte. Die Teemeister entwarfen teilweise selbst Gefäße und gaben sie in Auftrag, oder aber sie wählten unter Alltagsgeschirren, antiken Einzelstücken und den Sammlungen reicher Kenner die besten und schönsten Gefäße aus. Diese so erlesenen Exemplare wurden sozusagen »geadelt«, bekamen bestimmte Namen und wurden zu immensen Preisen gehandelt.

Nachdem der Gastgeber in einer Feuerschale oder in einer in den Boden eingelassenen Grube ein Holzkohlenfeuer entfacht hatte, setzte er den Teekessel auf. Alles geschah nach genau festgelegten Regeln. So mußte das Wasser genau beobachtet werden, bis es auf vorgeschriebene Weise sprudelte, um dann im richtigen Moment zum Aufgießen verwendet zu werden. Ein offensichtlich viel gebrauchter gußeiserner Teekessel, wie der von Rikyū bevorzugte (rechts), bekam seine sich sanft anfühlende Oberfläche durch oft wiederholte komplizierte Schmelzprozesse, wonach mit einem spitzen Werkzeug kleine Vertiefungen in seine Oberfläche gedrückt wurden, bevor man den Kessel mit Pflaumenessig und Lack behandelte. Ein Kunsthandwerker, der solche Meisterstücke schuf, wurde mit den höchsten Titeln geehrt.

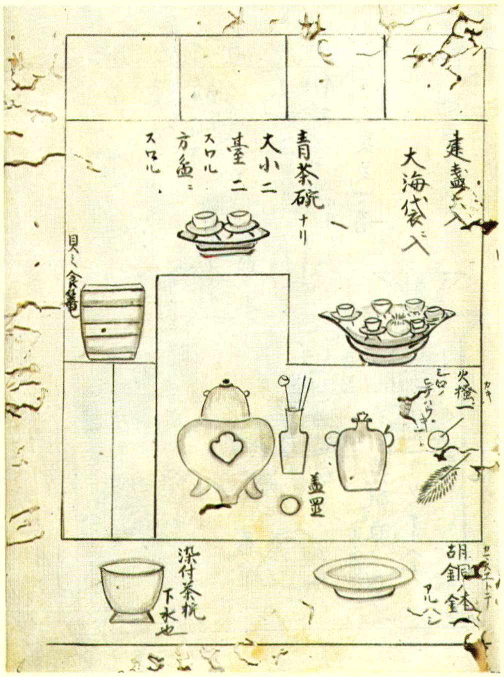

Zu den vorschriftsmäßig angeordneten Teeutensilien dieses Diagramms gehören eine herzförmige Feuerschale mit Kessel, ein im chinesischen Stil gehaltener Teebehälter mit Henkeln, eine Feder zur Herdreinigung, Speiseteller und Wasserkrüge. Sie wurden bei vornehmen Teegesellschaften verwendet, die den einfachen Teezeremonien vorangingen und sich in vielem von ihnen unterschieden. Bei diesen Gelegenheiten empfing der Gastgeber seine Gäste in eleganter Umgebung und versorgte sie reichlich mit Essen und Trinken; dabei ging es keineswegs asketisch zu. Besonders begeisterte Anhänger des Teekults führten Tagebücher über die einzelnen Empfänge und verfaßten Abhandlungen über Teezeremonien. Die Abbildung links stammt aus einer solchen Arbeit, die für einen Ashikaga-Shōgun des 15. Jhs. verfaßt wurde. Darin wird gezeigt, wie man die Teeutensilien wirkungsvoll arrangiert. Darüber hinaus benennt sie eine ganze Reihe chinesischer Gemälde, die bei einer solchen prunkvollen Gelegenheit die Gäste von der Bedeutung und der Macht ihres Gastgebers überzeugen sollten.

Die »Speerscheide« wird dieser Teebehälter rechts genannt. Er gehörte Hideyoshi und wird in Japan als das schönste Stück seiner Art betrachtet. Er stammt aus einem Brennofen, der wahrscheinlich von einem in China ausgebildeten japanischen Töpfer betrieben wurde. Er hat die von den Anhängern der einfachen Teezeremonie so sehr geschätzte rauhe, griffige Oberfläche. Darunter ist ein Teelöffel aus Bambus mit einem dazu passenden Behälter abgebildet, der von Rikyū geschnitzt wurde. Trotz der Unscheinbarkeit gehörte ein Teelöffel zu den wichtigsten Instrumenten eines Teemeisters. Nachdem er grünen Pulvertee aus dem Teebehälter in eine Schale gegeben und mit heißem Wasser aufgegossen hatte, schlug er die Mischung mit einem Teebesen schaumig, bevor er das Getränk kredenzte.

TSUTSUIZUTSU

HAKU-TEMMOKU

Das Weiterreichen der Teeschale von Hand zu Hand symbolisierte das gemeinsame Genießen und Teilen. Die hier gezeigten Gefäße repräsentieren besonders beliebte Formen; sie gehörten Rikyū beziehungsweise Hideyoshi oder wurden von ihnen besonders geschätzt. Der Meistertöpfer Chōjirō entwickelte unter Rikyūs Anleitung die Herstellung der berühmten Raku-Bleiglasur, wie sie an den handgeformten Schalentypen ichimonji *(unten),* muichibutsu *(rechte Seite oben) und* shunkan *(rechte Seite unten) zu bewundern ist. Die ungleichmäßigen Formen, die körnige Oberfläche und die warme, einheitliche*

ICHIMONJI

MUICHIBUTSU

Tönung war eine »Reverenz vor dem Unvollkommenen« und damit wesentlicher Bestandteil der einfachen Teezeremonie. Dieselbe ästhetische Grundhaltung drückt sich in der tsutsuizutsu-*Schale (linke Seite oben) mit ihrer Gebrauchsform und den feinen Rissen in der Glasur aus. Ihr warmer Erdton paßte gut in die Umgebung der strohbedeckten Teehäuser. Im Gegensatz dazu waren die* haku-temmoku-*Schalen (linke Seite Mitte) und die* yuteki-temmoku-*Schalen (rechte Seite Mitte) mit ihren matt schimmernden Glasuren für vornehme Teegesellschaften gedacht.*

YUTEKI-TEMMOKU

SHUNKAN

FORTSETZUNG VON SEITE 115

Ausschmückung von Decken und Wänden. Sie schufen Himmel und Wälder, Gärten und andere Landschaftsszenen, in denen sich mythische Tierwesen tummelten. Doch auch das genügte ihm noch nicht, und er gab hundert kunstvoll bemalte Wandschirme in Auftrag, die in den Palastgemächern aufgestellt wurden. Fast alles, womit er in persönlichen Kontakt kam, mußte aus Gold sein – die Reisschalen und die Eßstäbchen, die Tür- und Fenstergriffe. Ein Besucher klagte verwundert: »Selbst das Klosett prunkt mit kunstvollen Malereien, überall glänzen Gold und Silber. All die kostbaren Materialien werden hier verwendet, als ob es sich um nichts handeln würde.«

Hideyoshi persönlich führte im Jahr 1586 eine Gruppe portugiesischer Jesuiten durch seinen Palast. Eine Hofdame trug die vielen Schlüssel für das riesige Labyrinth von Korridoren und Gemächern. Außer sich vor Stolz, stieß Hideyoshi die Türen zu den Prunkgemächern auf: »Dieses Gemach ist voller Gold, dieses voller Silber, das hier enthält Ballen von Seide und Damast und in diesem werden meine Staatsroben aufbewahrt.« So schildert einer der Jesuiten, Luis Frois, seinen Besuch auf dem Schloß. Hideyoshi zeigte seinen Besuchern auch seine Rüstkammer und führte sie dann auf die Zinnen des großen Turms, von wo aus man die Arbeiterheere beobachten konnte. Danach gewährte er ihnen sogar Einblick in seine Privatgemächer, in denen sie neben dem bereits erwarteten Goldschmuck zu ihrem Erstaunen zwei Betten nach europäischem Muster vorfanden; wahrscheinlich die einzigen in Japan. Da Hideyoshi wie alle Japaner gewohnt war, auf Matten zu schlafen, dürfte ihn der Besitz dieser »exotischen« Einrichtung wohl einige schlaflose Nächte gekostet haben.

Pater Frois charakterisiert Hideyoshi als »unbeschreiblich arrogant«. Hideyoshi hatte die Schande seiner niederen Herkunft inzwischen perfekt unter einem Mantel aus Gold und Anmaßung verborgen. So brüstete er sich beim Empfang eines Gesandten von den spanischen Philippinen: »Im Augenblick meiner Geburt traf das Licht der Sonne meine Brust.« Und immer wieder wies er darauf hin, daß noch kein Kaiser über ein vereintes Japan geherrscht habe. Erst ihm sei es gelungen, das ganze Land zu unterwerfen.

Hideyoshi glaubte schließlich so fest an seine Einmaligkeit und Größe, daß er nicht mehr merkte, wenn sich jemand einen Scherz mit ihm erlaubte. So brachte ein spanischer Botschafter einen

Stadtbewohner und Samurai feiern ein Juli-Fest. Sie rollen rotdrapierte Nachbildungen von Häusern und Schiffen durch die Straßen von Kyōto. Die alte, aus Holzhäusern bestehende Stadt erwachte unter einer aufsteigenden Kaufmannsgilde, die fast ebenso prächtige Feste feierte wie der kaiserliche Hof, zu neuem Leben.

dressierten Elefanten als Geschenk nach Ōsaka. Als Hideyoshi mit seinem sechsjährigen Sohn an der Hand vor den Palast trat, um ihn in Empfang zu nehmen, kniete das Tier nieder und stieß einen Trompetenstoß aus – ein Trick, den ihm sein Führer beigebracht hatte. Doch Hideyoshi lauschte geschmeichelt der Erklärung, der Elefant habe Seine Majestät erkannt und huldige ihr auf diese Weise.

Seine Höflinge und Untergebenen erlaubten sich allerdings keine Späße mit ihm. Im Jahr 1589 stiftete Sen no Rikyū, Hideyoshis betagter Teemeister und Vertrauter, einem Zen-Tempel Geld zur Errichtung eines heiligen Tors. Aus Dankbarkeit brachten die Mönche unterhalb der Spitze des Tors eine Statue des Stifters an. Als Hideyoshi eines Tages das Tor durchschritt und über sich plötzlich das Standbild sah, fühlte er sich persönlich beleidigt und befahl seine Entfernung. Im Jahr 1591 dann, vielleicht aufgrund politischer Intrigen oder, wie andere Quellen behaupten, weil Sen no Rikyū unberechtigterweise Teeutensilien veräußert hatte, befahl Hideyoshi dem alten Freund die rituelle Selbsttötung.

Ein Akt besonderer Barbarei, der er gegen Ende seines Lebens verfiel, scheint der Vermutung rechtzugeben, nach der Hideyoshi zeitweilig umnachtet war. Er wünschte sich nichts mehr, als eine Dynastie zu gründen, aber sein Erstgeborener starb im Jahr 1590. Da zu dieser Zeit kein anderer Nachfolger zur Verfügung stand, ernannte Hideyoshi seinen Neffen Hidetsugu zum Regenten, damit im Fall seines plötzlichen Todes die Nachfolgefrage geregelt sei. Aufgrund seiner grausamen und despotischen Herrschaft bezeichnete das Volk Hidetsugu als »Mörder-Regenten«.

Im Jahr 1593 dann, schenkte eine seiner Konkubinen Hideyoshi einen zweiten Sohn namens Hideyori, wodurch sich die Nachfolgefrage wieder neu stellte. Hideyoshi befahl nicht nur Hidetsugu die Selbsttötung, sondern sorgte auch dafür, daß dessen Kinder, Hideyoris mögliche Rivalen, zusammen mit dreißig völlig unbeteiligten Hofdamen erstochen wurden. Die Leiche von Hidetsugus Erstgeborenem wurde zuunterst in das Massengrab gelegt, bevor man den schlichten Erdhügel aufschüttete.

Niemand weiß, ob Hideyoshis Wahn oder seine Eroberungssucht ihn zu seinem letzten militärischen Abenteuer anregten. Im Jahr 1592 befahl er die Invasion Koreas, in der Absicht, weiter nach China vorzurücken. Seine politische und militärische Bega-

Hideyoshi war ein beliebter, aber eigenwilliger Regent, der seine Popularität förderte, indem er Theaterstücke über sich in Auftrag gab und seine öffentlichen Auftritte in Gemälden festhalten ließ. Die Hand zum Gruß erhoben, wird er hier von einer Dame in gelber Robe und einem Jungen mit langen Haaren und einem Schwert über der Schulter begleitet, wahrscheinlich seiner Frau und Hideyori, seinem Sohn.

bung zeigte sich noch einmal darin, daß es ihm gelang, eine Streitmacht von einhundertfünfzigtausend Mann auszurüsten und nach Korea überzusetzen. Zunächst errangen die Japaner einige leichte Siege gegen die Koreaner, die Vasallen Chinas. Auch eine eher symbolische Entsatzarmee von fünftausend Chinesen wurde von ihnen zerschlagen. Doch dann forderten die Guerillataktiken der Koreaner und eine Seuche im japanischen Lager immer größere Verluste und lähmten den Vorstoß. Entscheidend jedoch waren die verheerenden Angriffe der erfahrenen koreanischen Seestreitkräfte auf die Invasionsflotte. Die japanischen Feldherrn mußten fürchten, vom Mutterland abgeschnitten zu werden, weshalb sie um Frieden nachsuchten und ihre Truppen abzogen. Im Friedensabkommen sollten die Chinesen Hideyoshi als japanischen König bestätigen, eine Konzession, die dieser als krönenden Abschluß seines Lebenswerks betrachtete. Doch als dann die chinesischen Gesandten zur Zeremonie der Investitur Hideyoshis in Kyōto eintrafen, machte die Abfassung ihrer Proklamation klar, daß der chinesische Kaiser den neuen König als Vasallen verstand.

Hideyoshi verlor die Beherrschung: Zuerst ließ er die Gesandten hinauswerfen, dann schickte er ihnen Versöhnungsgeschenke, dicht gefolgt von Boten, die eine lange Liste seiner Einwände und Beschwerden mit sich führten – und das alles an einem Tag. Und am Abend desselben Tags noch befahl er eine neue Invasion. Treu ergeben, fielen seine Generale erneut in Korea ein, und wieder hatten sie zunächst Erfolg. Sie vernichteten eine starke chinesische Streitmacht, brachen aber dann den Feldzug ab, als sie (1598) erfuhren, daß Hideyoshi gestorben war.

Er fand seine letzte Ruhe hinter einem goldenen Vorhang in der Haupthalle eines Tempels. Bei seinem Tod war Japan vereint und wohlhabender als je zuvor. Doch die Gedanken des Mannes, der dies zuwege gebracht hatte, kreisten – der Legende zufolge – nicht um Macht und Beständigkeit, sondern um die Vergänglichkeit des eigenen Lebens und alles Irdischen. In einem Hideyoshi zugeschriebenen Abschiedsgedicht heißt es:

Oh! Wie Tau falle ich,
Wie Tau verschwinde ich.
Selbst die Feste von Ōsaka
Ist nichts als der Traum eines Traums.

EIN GARTEN OHNE SCHATTEN

Auf dem Gipfel seiner Macht, gab Hideyoshi die Schiebetüren in Auftrag, die diesen tokonoma *(Alkoven) in eine sonnendurchflutete Lichtung verwandeln.*

Die drei auf diesen und den folgenden Seiten abgebildeten Wandschirme – den ersten schmückt ein blühender Kirschbaum (oben), den zweiten ein Ahorn (Seiten 131–135) und den dritten eine Kiefer und Gräser (Seiten 136–139) – befinden sich in einem Gedächtnistempel, den Hideyoshi für seinen mit zwei Jahren verstorbenen erstgeborenen Sohn errichten ließ. Jeder der Schirme besteht aus mehreren auf Holz gespannten Papierflächen, die mit Blattgold überzogen und dann farbenprächtig bemalt wurden. Von dem goldenen Untergrund heben sich die in leuchtenden Tönen gehaltenen vielfältigen floralen Details wie Reliefs ab. Sie bekunden sowohl die Naturverehrung der Japaner im allgemeinen als auch Hideyoshis prunkliebenden Geschmack. Die großen Flächen – die meisten sind 1,5 m hoch und 1,2 m breit – zeugen nicht nur von der hochentwickelten Kunst des 16. Jhs., sondern auch von einer militärischen Neuerung, den steinernen Mauern und Zinnen, die Burgen und Schlösser umgaben.

Als Hideyoshi in seinen späten Jahren diese Wandschirme in Auftrag gab, hatte er bereits fünf solcher Festungen gebaut, deren mehrstökkige Bauten sich beherrschend über dem Umland erhoben. Frühere japanische Festungen waren kaum mehr als flache, hölzerne Herrenhäuser, umgeben von Gräben oder Palisaden. Doch als dann im Jahr 1542 Kanonen in Japan eingeführt wurden, änderte sich die Kriegführung. Umgeben von einem Labyrinth hoher,

Hinter einem blühenden Kirschbaum steht eine Weide mit hängenden Zweigen. Die Japaner schrieben Pflanzen oder Pflanzenarrangements männliche beziehungsweise weibliche Eigenschaften zu. So galten Blumenbeete als weiblich, die Kirschblüte dagegen symbolisierte den Krieger.

mit Naturstein errichteter Mauern, an denen Musketen- und Kanonenkugeln abprallten, entsprach die von Hideyoshi erbaute Festung sowohl den militärischen als auch seinen persönlichen luxuriösen Bedürfnissen. So schmückten Gold und Lack das Äußere der Gebäude, während zur Dekoration der weitläufigen, mit Deckenbalken versehenen fürstlichen Gemächer Maler und Kunsthandwerker herangezogen wurden, die unter anderem die hier gezeigten Wandschirme schufen. Traditionelle Maltechniken wurden den neuen Erfordernissen angepaßt, so daß naturgetreue Darstellungen entstanden. Rauschendes Wasser, wilde Vögel und anderes Getier, Wälder und Blumen schienen im schwachen Licht der schmalen Fenster zum Leben zu erwachen und versetzten die Bewohner zwischen den öden Steinmauern in freundlichere Gefilde. Großflächige Wolken aus Blattgold reflektierten die spärlichen Sonnenstrahlen und verliehen den nüchternen Gemächern eine gewisse Wärme. Der Genius von Hasegawa Tōhaku, einem Maler, der neu in Hideyoshis Dienste getreten war, machte die hier abgebildeten Wandschirme zu etwas Besonderem. Obwohl auch sie in der Manier der großflächigen, innerhalb der Festungen und Schlösser üblichen Malerei gehalten waren, gelang es Tōhakus Liebe zum Detail und der Dynamik seiner Komposition, diesen Gemälden eine so optimistische Ausstrahlung zu geben, daß sie seinen Mäzen in der Trauer um den Erben zu trösten vermochten.

In diesem Ausschnitt des auf den Seiten 126/127 gezeigten Schirms kontrastiert die einfache Abstraktion von Wolken, Wasser und einer kleinen Landzunge mit dem Naturalismus der Blüten und Zweige. Die in Vierecken aufgetragenen Blattgoldflächen geben den Wolken die Undurchdringlichkeit einer Steinmauer.

Der Maler bereitet hier dem Betrachter eine ganz besondere Überraschung: Die auf den Seiten 126/127 aus der Distanz so duftig wirkenden Kirschblüten entpuppen sich aus der Nähe als pralle weiße Medaillons aus dicker Kreidemasse, die mit Leim auf das Blattwerk aufgetragen wurden.

Ein Detail des Wandschirms mit dem Ahorn zeigt fächerförmige Hahnenkämme, blasse Chrysanthemen und einen unter einer goldenen Wolke verborgenen blühenden Strauch.

Von den auf den Seiten 126–139 gezeigten Wandschirmen vermittelt der Ahorn-Schirm des Faltblatts am besten den künstlerischen Stil Tōhakus und die Eigenschaften, die er mit seinem Herrn und Gönner teilte. Tōhaku war als unabhängiger Künstler aus dem Norden nach Kyōto zugewandert, wo er lange um seine professionelle Anerkennung kämpfen mußte. Mit seinem hervorragenden Talent und seiner Ausdauer überflügelte er seine Rivalen und erhielt den Auftrag für die drei Wandschirme. Er war zu diesem Zeitpunkt bereits einundfünfzig Jahre alt und hatte sich wie Hideyoshi von unten hochgearbeitet.

Tōhaku wollte mit seinem mächtigen Ahorn wahrscheinlich den kämpferischen Individualisten ehren, der sich weder durch gesellschaftliche Einschränkungen noch durch Niederlagen aufhalten läßt – genau wie Hideyoshi. Die Äste des in der Mitte des Schirms aufragenden Stammes reichen weit über alle vier Felder hinaus; der Baum ist zu mächtig, um in den vorgegebenen Rahmen zu passen. Stamm und Äste sind alt und knorrig, aber noch voller Leben, wie die frischen, farbenprächtigen Blütenkronen zeigen. Eine Vielzahl kleinerer Stauden und Büsche wuchern rund um den Fuß des Ahorns; in seinem Schutz blühen und gedeihen sie wie die Kaufleute, Handwerker und Herren, die unter Hideyoshis Herrschaft eine neue Blütezeit erlebten.

Auf dieses metaphorische Porträt eines mächtigen und zugleich nachsichtigen Herrschers verwandte Tōhaku all seine künstlerischen Fähigkeiten. Er war ein Meister der klassischen japanischen Tuschmalerei, die sich hauptsächlich durch subtile Strichführung und monochrome Schattierung auf weißem Untergrund auszeichnete. Die Verwendung verschiedener metallischer Untergründe stellte ganz andere Anforderungen. Der Gegenstand mußte dabei so kompakt in der Formgebung und so kühn in der Komposition sein, daß er nicht vom Untergrund übertönt werden konnte.

Tōhaku stellte sich dieser Herausforderung und meisterte sie. Seine durch die Tuschmalerei erworbene Fertigkeit verlieh seinen vielfarbigen Wandschirmen eine einzigartige Feinheit. Seine sensible Strichführung verlieh nicht nur dem massiven Stamm des Ahorns und seinen kräftigen Zweigen, sondern auch den grazilen Blättern und Blüten Bewegung und Klarheit. Durch die raffinierten Farbabstufungen, die sich an der lang erprobten Schattiertechnik orientierten, leuchteten seine Grün-, Braun- und Rottöne darüber hinaus wie in Gold gefaßte Gemmen.

Wie Hideyoshi, der armer Herkunft war, aber in der festen Überzeugung heranwuchs, sein »Ruhm werde in alle zehntausend Himmelsrichtungen erstrahlen«, ließ sich Tōhaku durch seine Vergangenheit in keiner Weise behindern. Er setzte sich über die künstlerischen Konventionen des 16. Jhs. hinweg und bereicherte die Malerei durch seinen persönlichen Stil und auf originelle Weise und schuf damit Werke, die sein Zeitalter überdauerten.

Die Japaner verehrten schön gewachsene, alte Bäume, die sie durch Beschneiden und andere Techniken kultivierten. Herbstliche Ausflüge, bei denen die vielfältigen Farbschattierungen eines Ahorns bewundert wurden, waren ebenso populär wie das Bewundern der Kirschblüte im Frühling. Um das Blattwerk und seine Buntheit besonders gut zur Geltung zu bringen, pflanzten Gärtner die Ahornbäume oft so, daß die Strahlen der untergehenden Sonne die Farbenpracht noch einmal aufleuchten ließen. Obwohl die Japaner die Schatten der Bäume bewunderten, fehlten diese auf fast allen Darstellungen, wie bei der des Ahorns auf dem Faltblatt. →

Die Kompositionen in der japanischen Kunst zeigen oft eine strenge Asymmetrie wie der Wandschirm mit Kiefer oben, von dem auf der gegenüberliegenden Seite ein Ausschnitt zu sehen ist. Hibiskuspflanzen, hohe Gräser und der kräftige Goldhintergrund bilden ein harmonisches Gegengewicht zu dem wuchtigen Stamm und den etwas starr wirkenden Ästen. Die hügelige Erdoberfläche besitzt eine Natürlichkeit, die auf den anderen Schirmen fehlt, und der bizarre Felsbrocken erweckt die Vorstellung einer wilden Berglandschaft. Die Art, in der ein Künstler Steine wie zum Beispiel den Felsen auf dem gegenüberliegenden Ausschnitt malte, ordnete ihn einer bestimmten Schule zu und wurde nicht selten zu seinem persönlichen Erkennungszeichen.

SEITE 138/139: *Senkrechte Stiele kreuzen sich mit gebogenen Gräsern und bilden unter dem Kiefernstamm ein geometrisches Muster. Die schwarze Tusche, mit der der Künstler die Furchen der Baumrinde malte, wurde aus Kiefernruß und Klebstoff gemischt.*

VI

DER LETZTE SHŌGUN

DER VERGOLDETE KÄFIG

Wenige Jahre vor seinem Tod bat Hideyoshi das Oberhaupt der Tokugawa-Familie, Ieyasu, allein mit ihm auf die Ebenen der Kantō-Region hinauszureiten, bis zu einer Stelle, von wo aus man die Edo-Bucht überblicken konnte. Wortlos überreichte Hideyoshi seinem Begleiter sein Schwert zum Zeichen seines völligen Vertrauens. Er sprach mit ihm über die Zukunft Japans und meinte mit einer Geste über die vor ihnen liegende Bucht, die, umgeben von den reichsten Ackerböden des Landes, im Herzen der neuen Nation lag: »Dort solltet Ihr die neue Hauptstadt errichten.« Ieyasu folgte seinem Rat und gründete an dieser Stelle das spätere Tōkyō.

Obwohl Hideyoshi häufig der Einiger Japans genannt wird, waren auch Ieyasu und Hideyoshis früherer Oberherr Nobunaga wesentlich an diesem Werk beteiligt. Allerdings auf ganz unterschiedliche Weise. Das wird in einer Parabel verdeutlicht, die das zerstrittene Japan mit einem Singvogel vergleicht, der sich weigert, seine Aufgabe zu erfüllen. Nobunaga sagt: »Ich werde ihn schon zum Singen bringen.« Hideyoshi droht: »Ich drehe ihm den Hals um, wenn er nicht singt.« Ieyasu aber meint: »Ich warte, bis er singt.« Und tatsächlich hatte er schließlich alle seine Feinde unterworfen, weil er den richtigen Zeitpunkt zum Losschlagen abwarten konnte.

Hideyoshi hatte erwartet, daß Ieyasu sich mit der Herrschaft über Kantō begnügen und seinem Sohn Hideyori treu ergeben bleiben würde. Doch nach Hideyoshis Tod spalteten sich die Daimyōs in zwei rivalisierende Gruppen, die zum Teil Hideyori, zum

Der auf diesem Porträt finster dreinblickende Tokugawa Ieyasu verlegte zu Beginn des 17. Jhs. seinen Regierungssitz nach Edo.

Teil Ieyasu unterstützten. In der Schlacht von Sekigahara, im Jahr 1600, besiegte Ieyasu die Armeen Hideyoris'. Doch Ieyasu machte nicht den Versuch, sich endgültig seines Rivalen zu entledigen, der noch immer über eine mächtige Gefolgschaft verfügte. Statt dessen drückte er seine Verbundenheit mit Hideyori und seiner Familie aus und riet ihm, zum Gedenken Hideyoshis einige Buddhatempel zu errichten.

Im Jahr 1603 machte Ieyasu dann seinen Anspruch auf das Shogunat geltend, und der Kaiser gewährte es ihm. Nachdem er durch diesen Titel seine Position stabilisiert hatte, waren der Hof und die kaiserliche Verwaltung in Ieyasus Augen überflüssig. Während er alles für den endgültigen Sturz Hideyoris vorbereitete, schützte er sich durch einen brillanten Einfall vor jeder Einmischung des Kaisers und seiner Noblen. Auf seine Anordnung hin wurde in Kyōto eine Mauer um den Stadtteil gezogen, in dem der Kaiser und die dreihundert führenden Familien residierten. Ohne die Erlaubnis des Shōgun durfte keiner diese »Stadt der Edlen« verlassen.

Um dem erzürnten Kaiser und dem Hofadel weniger Gelegenheit zu Verschwörungen zu lassen, stellte Ieyasu fünf »Regeln für den kaiserlichen Hof« auf. Regel Nummer eins hieß: »Lernen ist die höchste Erfüllung.« Er befahl dem Hof, seine Zeit mit dem Studium der Philosophie, der Geschichte und der Kunst auszufüllen, um seine Mitglieder in einen Zustand paradiesischer Weltentrücktheit zu versetzen. Ieyasu hatte dabei ein ganz bestimmtes Paradies im Sinn – die Vergangenheit. So wies er seinen berühmtesten Baumeister, Kobori Enshū, an, die »Stadt der Edlen« in das Kyōto des 12. Jahrhunderts zurückzuverwandeln, das Kyōto des »Kopfkissenbuchs« und der »Geschichte vom Prinzen Genji«. Indem er die natürlichen Gegebenheiten dieses »Gefängnisses« nutzte und Gärten entwarf, schuf Enshū eine Welt, in der die Höflinge weltentrückt wie in einem wahr gewordenen Traum lebten.

Die Welt der Phantasie wurde darüber hinaus durch die Unterhaltungen der Noblen gespeist. Ihre besondere Vorliebe galt den Vorstellungen des Nō-Dramas, einer Theaterform mit langer Tradition. Die Kostüme waren von märchenhafter Schönheit; dazu trugen die Schauspieler geheimnisvolle Masken. Das Nō-Theater beschwor damit das idealisierte höfische Leben lang vergangener Zeiten herauf. Dabei waren Ausstattung und Kostüme

Entschlossen, sich jeglicher Opposition zu entledigen, stürmte Tokugawa Ieyasu im Jahr 1614 die Festung von Ōsaka. Auf dem oben abgebildeten Ausschnitt eines Wandschirms aus dem 17. Jh. fliehen Soldaten und Zivilisten durch das Wasser. Während der Belagerung fand eine der letzten Samurai-Schlachten statt. Danach ließ Ieyasu alle besiegten Krieger enthaupten.

wichtiger als die Handlung. Doch genau wie die Kostbarkeiten von Kaiser Shōmu im Schatzhaus von Nara oder die kalligraphischen Kunstwerke der Höflinge der Heian-Periode waren die Roben, Masken und Rituale des Nō-Theaters einer kleinen Oberschicht vorbehalten. Die Masse des japanischen Volkes hatte ganz andere Sorgen.

Während also der kaiserliche Hof sicher verwahrt in seiner Traumwelt dahindämmerte, suchte Ieyasu die Konfrontation mit Hideyori. Wartend auf eine passende Gelegenheit, bot sich ihm die Inschrift einer Tempelglocke als Vorwand an. Hideyori hatte in Kyōto einen Tempel mit einer bronzenen Buddha-Statue und einer Glocke bauen lassen. Die Einweihungszeremonie wurde von einem Boten Ieyasus unterbrochen, der den Abbruch der Feier verlangte, weil die Inschrift der Glocke die Familie Tokugaga beleidigte. Natürlich war die Inschrift völlig harmlos, was Ieyasu auch wußte, aber er erreichte damit sein Ziel: So wie Kyōto Jahrhunderte zuvor durch einen Streit über die korrekte Formulierung eines kaiserlichen Dokuments fast im Chaos versunken wäre, beschwor die angeblich beleidigende Inschrift eine politische Krise für Hideyori herauf. Ieyasu versteifte sich darauf, sie als Drohung zu interpretieren, und begann mit seinen Truppen im Dezember 1614 die Belagerung der Festung von Ōsaka.

Hideyoshi hatte alles getan, die Festung von Ōsaka uneinnehmbar zu machen. Ihre Mauern waren über dreißig Meter hoch und von zwei zwischen siebzig und über neunzig Meter breiten Gräben umgeben. Die Festung verfügte über einen eigenen Brunnen und über fast unerschöpfliche Nahrungsvorräte. Die Samurai waren mit Musketen ausgerüstet, und auf den Wällen standen Kanonen. Allerdings fehlte es an ausreichenden Mengen von Schießpulver, über das die Angreifer in reichem Maß verfügten. Außerdem setzten sie einige neue Kanonentypen ein.

Ieyasu eröffnete die Belagerung mit einem Sturmangriff, der abgeschlagen wurde. Dann ordnete er ein dreitägiges Bombardement der Festung an, obwohl er wußte, daß deren Bastionen dadurch nicht zu erschüttern waren. Der Kugelhagel war Teil von Ieyasus psychologischer Kriegführung. Hauptziel dieser Strategie aber war Hideyoris Mutter. Er befahl seinen Kanonieren, das Feuer auf den von ihr bewohnten Palastflügel zu konzentrieren. Das gab schließlich den Ausschlag. Angsterfüllt überredete sie Hideyori, sich auf Unterhandlungen einzulassen. Ieyasu führte die Parlamentäre in die Gänge, die seine Sappeure unter den Gräben vorantrieben. Überzeugt, daß seine Bastionen in unmittelbarer Gefahr waren, unterzeichneten Hideyori und seine Generale Mitte Januar einen Friedensvertrag.

Ieyasu verbürgte sich darin für Hideyoris Sicherheit, vorausgesetzt, die äußeren Mauern und Gräben der Festung wurden geschleift. Doch Ieyasus Leute zerstörten auch den inneren Befestigungsring. Hideyori schloß daraus, daß Ieyasu einen zweiten Angriff plante, rekrutierte erneut Soldaten und begann die Verteidigungsanlagen zu reparieren. Daraufhin nahm Ieyasu im Frühjahr die Belagerung wieder auf, und diesmal hielt die geschwächte Festung nicht mehr stand. Hideyori flüchtete in den mit Goldziegeln verkleideten Turm, der das Symbol der imperialen Macht seines Vaters gewesen war. Dort gab er sich selbst den Tod, seine Gattin und sein Sohn wurden von Ieyasus Leuten getötet.

Jetzt war Ieyasu der unumstrittene Herrscher Japans, und er führte sein Shogunat mit der angemessenen Prachtentfaltung. In der Audienzhalle seiner Feste bei Suruga im Zentralland von Honshū saß er auf einem Thronsessel, der mit golddurchwirkten Brokaten ausgeschlagen war. Die Längsseiten der Halle waren mit ein Meter fünfzig bis ein Meter achtzig hohem Rankenwerk auf Gold geschmückt, durch das Höflinge und Bittsteller in untertänigem Schweigen auf Händen und Füßen hereingekrochen kamen.

Auch in der Öffentlichkeit hatten die Untertanen in Gegenwart des Shōgun in ehrerbietigem Schweigen zu verharren und den Blick abzuwenden, wenn der Herrscher ihren Weg kreuzte. Zog der Shōgun in feierlichem Geleit durch die Straßen von Edo, so hörte man nichts als das Klirren des Zaumzeugs und das Rascheln der schwarzen Seidenuniformen seiner Leibwache. Das Tokugawa-Regime war stark zentralisiert und streng militaristisch. Es hatte überall seine Informanten und regulierte das Leben seiner Untertanen bis ins kleinste. Beispielsweise verboten die Shōgune dieser Zeit das Christentum und förderten den in China verbreiteten Konfuzianismus, der totale Unterwerfung dem Staat gegenüber vorschreibt. Shōgune und Daimyōs hielten die Bauern in größter Armut. Die Familien der Daimyōs wurden von den Shōgunen in Edo als Geiseln festgesetzt. Und um das Regime weiter zu festigen, isolierten Ieyasu und seine Nachfolger Japan von der

Zwei maskierte Schauspieler zeigen auf einer hölzernen Bühne im Palastgarten des Shōgun ihre Kunst. Schöne Masken, elegante Roben, Musik und allgemeine Ausstattung wurden vom höfischen Publikum besonders gewürdigt.

Außenwelt. Nur noch Chinesen und Holländern war es erlaubt, von einem einzigen vom Shogunat überwachten Hafen aus Handel zu treiben.

Beginnend mit Ieyasu, bekämpften die Tokugawa das Christentum hauptsächlich, weil es einen fremden Kulturkreis entstammte. Unter Ieyasus Sohn Hidetada wurden mehr als siebenhundert Christen hingerichtet. Unter einem späteren Shōgun kam es dann 1637 zu einem Aufstand christlicher Bauern und verarmter Samurai. Ihre Parolen waren zwar religiös, ihre Ziele aber politisch. In ihrer Unzufriedenheit und Not nährten sie die trügerische Hoffnung, auf diese Weise der Ausbeutung und Unterdrückung durch die Großgrundbesitzer und Staatsbeamten ein Ende machen zu können. Ein Ieyasu zugeschriebenes Prinzip lautete: »Laßt die Bauern weder leben noch sterben.« Man ließ ihnen also immer gerade so viel, daß sie nicht verhungerten. Auf Befehl des Shōgun schickten die Daimyōs der Region von Nagasaki eine Hunderttausend-Mann-Armee gegen die Aufständischen, die fast alle niedergemacht wurden. Damit war das Christentum in Japan praktisch ausgelöscht.

Dieser kurzlebige gewaltsame Ausbruch verstärkte noch die fast krankhafte Furcht des Regimes. Nicht nur das Christentum machte ihm Sorgen, sondern auch die Provinzfürsten entlang der Westküste, die durch Handel und Allianzen mit europäischen Mächten für die Zentralgewalt gefährlich werden konnten. Noch vor dem Aufstand der christianisierten Bauern hatten in den Jahren 1633 und 1635 Dekrete den Japanern verboten, ihr Land zu verlassen. Gleichzeitig waren Chinesen, Holländern und Portugiesen beschränkte Handelsrechte eingeräumt worden. Nach dem Aufstand wurden die Portugiesen als Untertanen einer katholischen Majestät des Landes verwiesen. Die meisten Mitglieder einer portugiesischen Delegation, die im Jahr 1640 nach Japan kam, um eine Änderung dieser Politik zu erreichen, wurden enthauptet. Kurioserweise wurde gegen Mitte des 17. Jahrhunderts außer dem Christentum noch eine andere westliche »Importware« in Japan verboten – die Feuerwaffe. Obwohl die Japaner inzwischen sowohl bei der Herstellung wie im Gebrauch von Musketen und Kanonen den westlichen Vorbildern längst ebenbürtig waren, schlossen sie ihre Waffen- und Munitionsfabriken und kehrten zum Schwert zurück.

FORTSETZUNG SEITE 152

KOSTBARE REQUISITEN DES NŌ

Auf einfachsten Bühnen, doch vor vornehmstem Publikum, gaben japanische Schauspieler und Musiker ihr Bestes in einer auf der Welt einzigartigen Theaterform, dem feierlichen Nō-Drama. Nō bedeutet »Vollendung« und vereint in sich Schauspiel, Musik, Tanz, Gesang und überaus prächtige Kostüme. Damit war es viel mehr als bloße Unterhaltung für die mächtigen Kriegerclans des 16. Jhs. Und nachdem Shōgun Tokugawa Ieyasu das Nō zum offiziellen Theater Japans erklärt hatte, wurden die Vorstellungen des anmutigen und überaus verfeinerten Nō, dessen Anfänge im 14. Jh. liegen, zu festlichen Staatsakten. Die Mitglieder prominenter Familien studierten Nō-Stücke ein und förderten das Theater durch die Errichtung von Bühnen auf ihren Herrensitzen oder durch die Unterstützung von Schauspielergruppen. Reiche Daimyōs und andere Edle wetteiferten im Sammeln von *ontaisetsu ondōgu*, den kostbaren Requisiten des Nō, wozu auch die Masken und Roben aus der Tokugawa-Sammlung zählen, die auf diesen und den folgenden Seiten abgebildet sind.

Die Handlungen des Nō sind einfach. Das Repertoire umfaßt fast ausschließlich Stücke über Kriegshelden, Götter, Dämonen und Besessene in stark stilisierter Manier, wobei die visuellen Effekte sowie die Untermalung durch Flöten und Trommeln fast ebenso wichtig sind wie die Handlung. Da die Bühne fast leer ist, sind die Masken und Roben nicht nur als Kostüme, sondern eher als Handlungsträger zu verstehen.

Die die Stirn teilende strenge Haarsträhne identifiziert diese Nō-Maske als kasshiki, *ursprünglich die Bezeichnung für jemand, der in einem Zen-Tempel Dienste verrichtete. In dieser Maske mit den weichen Zügen konnte ein Schauspieler einen Laienpriester oder auch einen jungen Unterhaltungskünstler darstellen. Die Lippen sind mit rotem Ton gefärbt.*

Nur der Nō-Darsteller galt als vollkommen, der bei der Auswahl seiner Roben und Masken ebenso geschickt und kunstfertig war wie in der Gestik und Interpretation der Handlung.

Die aus japanischer Zypresse geschnitzten Masken repräsentieren idealisierte menschliche oder auch übermenschliche Wesen, die alle bestimmte Namen tragen. Die in ihrem Ausdruck fixiert erscheinenden Masken erwachen zu geheimnisvollem Leben, wenn der Schauspieler den Kopf so dreht, daß durch Licht und Schatten auf dem hölzernen Gesicht emotionale Ausdrücke erscheinen. Die dünne Maske, die nur kleine Öffnungen für Augen, Ohren und Mund besitzt, wirkt wie ein Resonanzkörper für die Stimme des Darstellers. Nō-Roben zählen zu den Spitzenerzeugnissen textiler Kunstfertigkeit; meist bestehen sie aus Seidenbrokaten, Satin und Gaze. Die farbenprächtigen Gewänder werden oft durch Goldfadenstickereien verziert, die buddhistische Symbole, Naturmotive oder auch Familienwappen darstellen können. Der Schauspieler, dessen Körper in dem umfangreichen Kostüm kaum noch zu erkennen ist, drückt durch Material, Webart und Verzierung seiner Robe Tugenden und Laster einer bestimmten Figur aus.

Die privilegierten Mitglieder der Tokugawa-Gesellschaft liebten das Nō-Theater, und Schauspieler und Musiker, die gefielen, wurden reich belohnt. Die Unglücklichen aber, denen ein Fehler unterlief, wurden unter Umständen mit Verbannung bestraft.

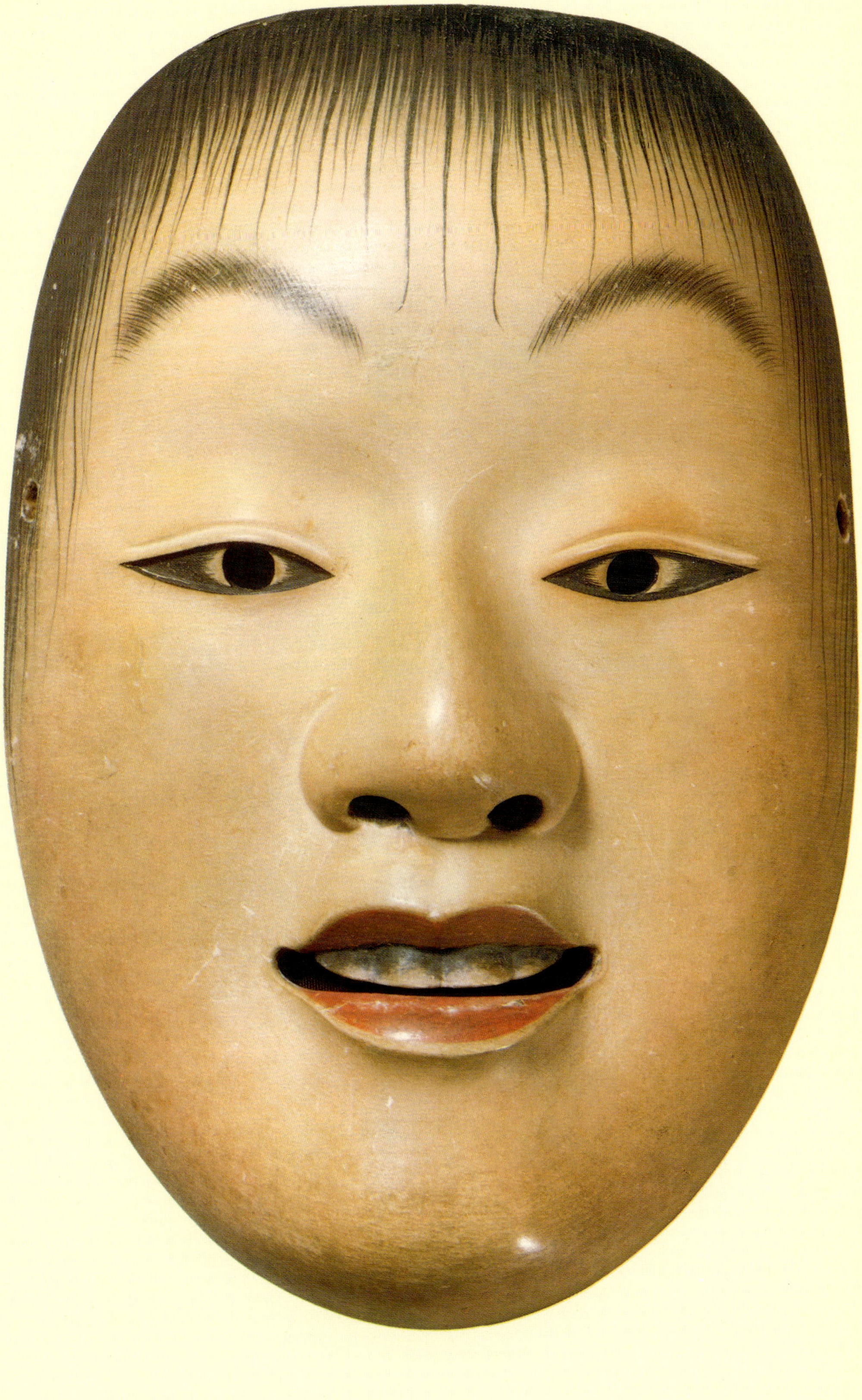

Hochgezogene Augenbrauen und Haarsträhnen, die unordentlich in die Stirn hängen, geben dieser Maske ein leichtsinniges, kesses Aussehen. Sie wurde zur Darstellung knabenhafter Charaktere getragen. Der Künstler, der sie im 17. Jh. anfertigte, erzielte durch geschickte Pinselführung eine sehr warm und natürlich wirkende Hautstruktur.

Dieses tiefblaue seidene Nō-Kostüm ist verziert mit auf Gold gestickten Wappen der Tokugawa-Familie. Darüber hinaus sind verschiedene Pflanzen- und Tiersymbole zu erkennen, die im Buddhismus eine Bedeutung haben. In diesem auffallenden Kostüm wurde im Nō-Drama eine von Dämonen besessene Frau dargestellt.

Abstrakte Dessins wie das Zickzackmuster dieses Nō-Kostüms stehen im Gegensatz zu den sonst eher bedeutungstragenden Roben im Nō-Drama. Die wolkenförmigen Muster auf diesem Gewand symbolisieren Gongs, die in Zen-Klöstern die Stunde der Meditation ankündigten.

Sträuße von Päonien, Tuberosen, Kamelien und Pflaumenblüten schmücken diesen Choken, einen langen seidenen Überwurf. Die Brokatblumen sind mit Goldfaden auf Seidengaze gestickt. Der Choken wurde in bestimmten weiblichen Nō-Rollen als Tanzkostüm getragen.

FORTSETZUNG VON SEITE 145

Die Tokuwaga-Shōgune regierten Japan mehr als zweieinhalb Jahrhunderte und brachten dem Land Frieden und Wohlstand, allerdings um einen hohen Preis. Trotz der ausländerfeindlichen Gesetze und des plötzlichen Verlustes im Außenhandel ging es den Japanern besser. Das galt vor allem für die Stadtbewohner, da rings um die Shogunatspaläste Markt- und Handelsplätze entstanden. Die Kaufleute verdienten gut am Transport und Handel von Landprodukten und Luxusgütern, für die sich vor allem die Daimyōs und ihre Familien interessierten. Sie gaben ein Vermögen für die teuren Roben ihrer Gattinnen aus, für wertvolle Lackarbeiten und elegante Kutschen – und die Kaufleute wurden immer reicher. Bald sahen sich viele Daimyōs gezwungen, bei eben diesen reichen Händlern Darlehen aufzunehmen, was deren Wohlstand weiter vergrößerte.

Die neureichen Kaufleute von Edo provozierten nicht unbeträchtliche soziale Spannungen, da dieser Stand in Japan gesellschaftlich immer zu den Rangniederen gehört hatte. Solange der Kaufmannsstand noch zahlenmäßig gering und ohne großen öffentlichen Einfluß war, wurde er von der Oberschicht toleriert. Doch gegen Ende des 17. Jahrhunderts wurden diese Emporkömmlinge durch ihr protziges Gehabe zum öffentlichen Ärgernis – und das zu einer Zeit, in der viele der regierenden Daimyō-Sippen völlig mittellos waren. Das Tokugawa-Regime erließ deshalb eine strenge Ständeordnung, die das öffentliche Zurschaustellen von Reichtum unterbinden sollte.

Doch diese Anordnungen blieben meist unbeachtet; die reich gewordenen Bürger amüsierten sich weiterhin, wie es ihnen beliebte. Eine wichtige Rolle spielte dabei das Kabuki-Theater, dessen spannende, melodramatische und nicht selten gewalttätige Aufführungen allgemein beliebt waren. Die Shōgune werteten es ungewollt weiter auf, indem sie weibliche Darsteller von der Bühne verbannten. Männliche Darsteller schlüpften daraufhin in Frauenkleidung, imitierten weibliche Posen und Verhaltensweisen und gaben dadurch den Rollen einen besonderen frivolen Reiz, da sich viele der Kabuki-Stücke mit unerlaubten Liebesbeziehungen beschäftigten. Genau wie beim Nō-Spiel lag die Attraktivität des Kabuki-Theaters zum großen Teil in den visuellen Effekten. Die Schauspieler trugen phantastische Kostüme, die den reichen Bürgern von Edo modisch als Vorbild galten. So trug das

Kabuki-Theater unmittelbar zur allgemeinen Prunk- und Verschwendungssucht bei.

Shōgun Yoshimune, ein Nachfahre Ieyasus, der von 1716 bis 1745 regierte, nahm die offiziellen Bemühungen um mehr Bescheidenheit und Sparsamkeit wieder auf und befaßte sich ernsthaft mit sozialen Problemen. Er machte sich große Sorgen um die wirtschaftliche Lage seines Landes, die nicht nur durch die allgemeine Verschwendungssucht, sondern auch durch eine Mißernte im Jahr 1732 in Mitleidenschaft gezogen worden war. Da er sein Amt ernst nahm, beschäftigte er sich mit den wissenschaftlichen Büchern und Hilfsmitteln, die über die holländischen Händler in Nagasaki von der Außenwelt nach Japan gelangten. Westliche Technologie und Wissenschaft wurden daher unter dem Sammelbegriff *rangaku* oder »Holländisches Wissen« zusammengefaßt, und Yoshimune beauftragte einen seiner Gelehrten, ein japanisch-niederländisches Wörterbuch zu erstellen, um den Informationsfluß zu fördern.

Yoshimunes Nachfolger waren nicht annähernd so wißbegierig und vorausschauend. Im Gegenteil. Das Shogunat wurde wieder konservativer und extrem fremdenfeindlich. Immer wieder ausbrechende Hungersnöte, Bauernunruhen und beängstigend anwachsende Horden herumvagabundierender Soldaten, die in die Städte drängten, unterminierten zu Beginn des 19. Jahrhunderts das Tokugawa-Shogunat. Diese Instabilität benutzte die Außenwelt, von der sich die Shōgune bis jetzt abgeschirmt hatten, um sich unerbittlich ihren Weg ins Land zu bahnen.

Um die Mitte des 19. Jahrhunderts war der Pazifische Ozean, bisher ein mächtiger Puffer zwischen Japan und dem Rest der Welt, ein von vielen Schiffen befahrenes Meer. An den taifunumtosten Küsten der Japanischen Inseln suchten immer mehr Kapitäne Zuflucht in sicheren Häfen. Und mit der Erfindung des Dampfschiffs benötigten die Flotten der seefahrenden Nationen Kohlestationen in aller Welt. Vor allem aber suchte die expandierende Handelsmacht der Vereinigten Staaten neue Märkte.

Am 8. März 1854 erschien Kommodore Matthew Calbraith Perry mit zehn dampfgetriebenen Kanonenbooten vor der japanischen Küste und ging im Hafen von Kanagawa (heute Yokohama) in der Tōkyō-Bucht an Land. Im Jahr davor hatte er den Beauftragten des Shōgun einen Brief des amerikanischen Präsidenten

Eine adlige Familie sitzt vor einem prachtvollen Wandschirm beim Spiel. Links im Vordergrund wird Laute gespielt; das Mädchen rechts schreibt wahrscheinlich einen Liebesbrief. Dieses auf Blattgold gemalte Bild aus dem 17. Jh. zeigt das luxuriöse Leben der Oberklasse unter dem Tokugawa-Shogunat.

Zwei schüchterne Liebende – in der Mitte eine Dame aus einer vornehmen Tokugawa-Familie und rechts ein stattlicher Samurai – tauschen über eine Vermittlerin (links) Briefe aus. Eine andere Dame macht Musik. Das anonyme Gemälde stammt aus der ersten Hälfte des 17. Jhs.

Millard Fillmore überbracht, in dem dieser um gute Behandlung gestrandeter Seeleute, die Errichtung einer Kohlestation und die Aufnahme von Handelsbeziehungen nachsuchte. In einem in der japanischen Geschichte beispiellosen Schritt beriet sich der Shōgun über die Antwort sowohl mit dem Kaiser wie mit den Daimyōs. Zunächst widersetzten sich viele der Ratgeber dem amerikanischen Ersuchen, einige wollten Zeit gewinnen, andere riefen gar nach militärischen Gegenmaßnahmen. Doch schließlich erhielt Perry die gewünschte Antwort: Amerikanische Seeleute würden an den japanischen Küsten Schutz und Zuflucht finden und ihre Schiffe durften hier Kohle bunkern. Sogar einen amerikanischen Konsul hieß man willkommen, um einen Handels- und Freundschaftsvertrag abzuschließen.

Bedrängt von innen und außen, konnte sich das Tokugawa-Shogunat nicht mehr behaupten. Die westliche Welt mit ihrem flexiblen Gesellschaftssystem, ihrem Bedarf nach Weltmärkten und ihrem Drang nach Kolonien verschaffte sich immer größeren Einfluß auf das isolationistische Japan. Im Jahr 1868 gelangte Kaiser Meiji (sein Name bedeutet »aufgeklärte Herrschaft«) an die Macht, und mit der Restauration der angeblich auf die Zeit Kaiser Jimmus zurückgehenden Regierungsform begann für Japan endgültig die moderne Zeit.

Unmittelbar vor seinem Tod im Jahr 1616 hatte Ieyasu, der erste Tokugawa-Shōgun, seine letzte Ruhestätte ausgewählt, ein geheiligter Ort, der als Sitz der Geister verehrt wurde. Hier, in Nikkō, nördlich von Edo, bestattete man ihn in einem prächtigen Mausoleum. »Mein Geist wird weiterleben«, so hoffte er, »und über viele Jahre hinweg mein Land und meine Nachfahren schützen.« Und der mit Gold und Lackmalereien reich geschmückte Schrein, bewacht von ehrfurchtgebietenden Drachen-, Löwen- und Elefantennachbildungen, blieb über Jahrhunderte hinweg das Symbol der Macht und des Mythos von Ieyasu und des Tokugawa-Shogunats. Zusammen mit den unvergleichlichen Rüstungen der Kamakura-Zeit, den meisterhaften Schwertklingen der Samurai, den exquisiten Sutrenfächern der Heian-Ära, den Saiteninstrumenten des Schatzhauses von Nara und den Zen-Gärten versinnbildlicht der Nikkō-Schrein den Geist des alten Japan, der bis heute das Land beseelt.

DER TEMPEL DES SONNENGOTTES

Blick auf einen Teil des Nikkō-Tempelkomplexes, zu dem auch der berühmte Tōshōgū-Schrein, das Zentrum des Ieyasu-Kultes, gehört.

Shōgun Togugawa Ieyasu wollte sich der ewigen Verehrung durch seine Landsleute versichern, weshalb er in der geheiligten Region Nikkō, nahe dem Daiya-Fluß, einen eindrucksvollen Tempelkomplex errichten ließ. Nach seinem Tod wurde er als Geist des Tōshō-dai-gongen deifiziert, und fünfzehntausend Mann, darunter Baumeister, Zimmerleute, Lackierer und Vergolder, arbeiteten insgesamt zwanzig Jahre lang am Bau des Tōshōgū-Schreins für den schon lange verstorbenen Shōgun. Der Grundriß des Tōshōgū gleicht dem einer Festung mit Wachhäusern, ringförmig angelegten Mauern und mächtigen Toren, die die geheiligte Stätte schützten.

Die Mitwirkung beim Bau des Tōshōgū, dessen Architektur und Ausstattung starke chinesische Einflüsse widerspiegeln, gehörte sicherlich zur Krönung einer künstlerischen Laufbahn. Die Verzierungen sind so verschwenderisch, daß die architektonischen Grundelemente kaum noch zu erkennen sind. Säulen scheinen nicht mehr als Stützen für Vorsprünge und Dächer zu dienen, sondern nur noch als Untergrund für die sie umwindenden Drachen und Weinranken. Sogar ein Großteil der Grundkonstruktion ist von glänzenden Lack- und Goldverzierungen überdeckt.

Ieyasu starb, lange bevor der Tōshōgū vollendet war. Aber im Jahr 1617, dem ersten Jahrestag seines Todes, wurde der Leichnam, entsprechend dem letzten Wunsch des Shōgun, in feierlichem Zug in den Schrein überführt. Dort verehrten ihn seine Untertanen und Nachfolger als inkarnierten Buddha.

Das Yōmei-mon oder »Tor des Sonnenlichts« führt ins Innere des Tokugawa-Schreins. Trotz seiner relativ bescheidenen Maße von 6,6 auf 10,1 m macht es vor allem durch seine prachtvollen und üppigen Verzierungen auf dem Torgiebel großen Eindruck auf den Betrachter. Die zweistöckige Konstruktion quillt über von schimmernden Bronze- und Goldskulpturen phantastischer Vögel, Löwen und Drachen. Wandleuchter aus Bronze ermöglichten es, die reichstrukturierten Paneele an der Seite des Gebäudes nachts zu illuminieren.

Die den Portikus des Yōmei-mon stützenden Kragsteine schmücken goldäugige Löwenskulpturen (S. 157). Die stilisierten Löwen sind buddhistische Machtembleme.

Unter den vergoldeten Kragsteinen, die das prächtige Dach des Tors tragen, reitet ein Mann auf einem Vogel. Mann und Vogel symbolisieren vielleicht die Fahrt des deifizierten Shōgun Ieyasu ins Jenseits.

Das Kara-mon, ein im chinesischen Stil gebautes Tor des Tōshōgū, gewährt durch die Heilige Mauer Zugang zum Schrein von Tokugawa Ieyasu. Der Torbogen und das Fries darüber sind mit Menschen- und Tiergestalten verziert, und um die Stützpfeiler ringeln sich Schlangen. Auf dem Ziegeldach des Tors wachen zwei große Drachen aus Bronze.

Anmutige Vögel, vielleicht Kraniche, breiten unter einem Paneel mit Gitterwerk die Flügel aus. Sie sind Teil der mit Lackarbeiten, Malereien und Vergoldungen verzierten Mauer rings um das Innere des Tōshōgū. Ieyasu, der sich nach Unsterblichkeit sehnte, wäre mit diesem Schmuck bestimmt einverstanden gewesen; denn im japanischen Volksglauben verkörpert der Kranich tausendjähriges Leben.

SEITE 164/165: *Elegant stilisierte mächtige Wellen überziehen die Seitenwände des Kara-mon (Tors). Die holzgeschnitzten und vergoldeten Wellen könnten das geniale strategische Können des großen Feldherrn Tokugawa Ieyasu symbolisieren; denn der ständige Wechsel von Ebbe und Flut ist ein Sinnbild für tatkräftige und anpassungsfähige Kriegführung.*

Die Haupthalle, oben und im Detail auf der linken Seite, ist das wahrscheinlich nobelste und farbenprächtigste Gebäude des Tōshōgū. Hinter den goldenen Türen liegen die dem Shōgun vorbehaltenen Kammern, in denen sich die Nachfolger Ieyasus zur Meditation niederließen. Von den goldverzierten Säulen des Portikus bis zu den Arabesken unter den Dachstufen reihen sich dicht aneinander eine Vielzahl von symbolischen Skulpturen, darunter viele Fabelwesen.

168/169: *Ein goldgerändertes Dach krönt die Haupthalle des Tōshōgū. Die sanft abfallenden Ziegelreihen enden in vergoldeten Medaillons mit stilisierten Stockrosen, dem offiziellen Wappen des Hauses Tokugawa.*

ZEITTAFEL

EPOCHE	HISTORISCHE EREIGNISSE		KUNST UND ARCHITEKTUR	
Frühgeschichte	ca. 500	Soga-Clan beherrscht den kaiserl. Hof		
	552	Buddhismus kommt von Korea nach Japan Einströmen chinesischer Kultur und Schrift		
	593–622	Shōtoku ist regierender Fürst; etabliert den Buddhismus und wetteifert mit China		
	ca. 600	Untergang der Soga-Sippe; Aufstieg der Fujiwara-Sippe		
			607	Shōtoku läßt den Hōryū-ji-Tempelkomplex zur Aufnahme der kaiserl. Schätze errichten
	646	Die Fujiwara erlassen Landreformen		
Nara-Zeit	710	Gründung von Nara, der ersten, festen Hauptstadt		
	724	Shōmu besteigt als Kaiser den Thron		
	ca. 740	Buddhismus wird Hofreligion		
	749	Kaiserin Kōken besteigt den Thron		
			752	Shōmu weiht den Tōdaiji mit der »Halle des Großen Buddha« ein
	782	Kammu wird Kaiser		
	784	Kammu verlegt die Hauptstadt nach Nagaoka		
Heian-Zeit	794	Kammu gründet die neue Hauptstadt Heian-kyō, das heutige Kyōto		
	805	Tod Kammus		
	889–897	Kaiser Uda		
			ca. 900	Kalligraphie u. Poesie sind wichtige Aspekte des höfischen Lebens
			ca. 950	Adlige Damen schreiben ihre Gedichte, Tagebücher und Romane in der Kana-Schrift (Silbenschrift)
	985–986	Kaiser Kazan		
	986–1011	Kaiser Ichijō		
	995–1028	Fujiwara Michinaga, der eigentliche Machthaber hinter dem Thron	ca. 1003	Sei Shōnagon schreibt das »Kopfkissenbuch« und Murasaki Shikibu »Die Geschichte vom Prinzen Genji«
	1012–1016	Kaiser Sanjō		
			1022	Michinaga weiht den Tempel Hōjōji in Kyōto ein
	ca. 1150	Minamoto- und Taira-Clan beherrschen den Kaiser		
	1156–1158	Kaiser Go-Shirakawa		
	1160	Minamoto und Taira bekriegen sich; das Taira-Oberhaupt Kiyomori übernimmt Kontrolle der Zentralregierung		
	1180–1185	Gempei-Krieg zwischen den Sippen Minamoto und Taira		
	1181	Tod Kiyomoris; Yoritomo, Führer der Minamoto, richtet die Zeltlagerregierung (bakufu) in Kamakura ein		
	1181–1183	Kaiser Antoku		
Kamakura-Zeit	1184–1198	Kaiser Go-Toba		
	1185	Schlacht von Dan-no-ura; Minamoto besiegen Taira; Yoritomo übt die Herrschaft über Japan aus		
			ca. 1190	Blütezeit der Schwertschmiedekunst und Rüstungsfertigung
	1192	Go-Toba ernennt Yoritomo zum Shōgun; Kamakura wird zur »Militärhauptstadt«		
	1268	Kublai Khan schickt Gesandte und fordert Japan auf, sich den Mongolen zu unterwerfen		
	1274, 1281	Mongolen greifen Japan an und werden zurückgeschlagen		
	1319–1338	Kaiser Go-Daigo		
	1336	Ashikaga Takauji erobert Kyōto und setzt Marionettenregime ein; Restaurationsversuch Go-Daigo im Süden des Landes		

EPOCHE	HISTORISCHE EREIGNISSE		KUNST UND ARCHITEKTUR	
Muromachi-Zeit	1338	Takauji wird Shōgun, aber die rivalisierenden Höfe setzen den Kampf fort		
			ca. 1340	Ashikaga errichtet im Muromachi-Stadtteil von Kyōto Paläste
	1367	Ashikaga Yoshimitsu wird Shōgun		
			14.–16. Jh.	Zen-Buddhismus beeinflußt Architektur und Malerei Blütezeit der Gartenkunst in Kyōto
			1397	Bau des »Goldenen Pavillon« als Ruhesitz für Yoshimitsu
	1429–1465	Kaiser Go-Hanazono		
	1449	Yoshimasa übernimmt das Shogunat		
	ca. 1450	Yoshimasa entwickelt das Zen-Ritual der Teezeremonie		
	1467	Ōnin-Krieg bricht aus; Ende des Shogunats		
			ca. 1483	Yoshimasa baut den Landsitz rund um den »Silberpavillon« vor Kyōto
	1490-1600	Beginn einer fast hundertjährigen Bürgerkriegszeit		
	1542	Die ersten Europäer landen in Tanegashima Die ersten Musketen		
			ca. 1550	Entstehungszeit der kostbaren Teegefäße (S. 118–121 [Raku-Bleiglasuren]); Meistertöpfer Chōjirō
	1560	Oda Nobunaga, der große Feldherr, gewinnt seine erste Schlacht		
	1568	Nobunaga besetzt Kyōto		
	1582	Nobunaga wird ermordet; Toyotomi Hideyoshi wird Kronfeldherr		
			1583	Bau der Festung von Ōsaka wird begonnen
			ca. 1590	Hasegawa Tōhaku malt die berühmten Wandschirme (S. 125–139) für Hideyoshi
	1592	Hideyoshi herrscht über ein vereintes Japan. Einfall in Korea und Rückzug der Invasionstruppen		
	1598	Tokugawa Ieyasu wird Nachfolger Hideyoshis		
Tokugawa-Zeit	1603	Ieyasu wird Shōgun; er verlegt die Hauptstadt nach Edo, dem heutigen Tōkyō		
	ca. 1604	Ieyasu hält den Kaiser und seine Höflinge in der »Stadt der Noblen« gefangen		
			ca. 1604	Ieyasu erklärt das Nō zur offiziellen Theaterform Japans; Entstehung wertvoller Roben und Masken
	1605	Ieyasus Sohn Hidetada wird Shōgun		
	1614	Ieyasu belagert Toyotomi Hideyori in der Festung von Ōsaka Selbsttötung Hideyoris Ieyasu unbestrittener Herrscher Japans. Ein Edikt verbietet das Christentum		
			1616	Ieyasu wählt die heilige Region von Nikkō als letzte Ruhestatt Entstehung des Tōshōgū-Tempelkomplexes
	1635	Außenhandel wird weitgehend eingeschränkt		
	1637	Aufstand der Christen in Japan		
			ca. 1640	Blütezeit des Kabuki (Theater des Volkes)
	1716	Tokugawa Yoshimune wird Shōgun		
	1854	Kommodore Perry aus den USA landet in Japan Handelsvertrag zwischen Japan und den USA		
	1868	Kaiser Meiji kommt an die Macht		

DANKSAGUNG UND BILDQUELLENVERZEICHNIS

Abkürzungen:
CI: Chishaku-in, Kyōto
STH: Shōsō-in Treasure House, Nara
TRF: Tokugawa Reimeikai Foundation, Tōkyō
TNM: Tōkyō National Museum

Der Verlag dankt folgenden Personen für ihre Mitarbeit an diesem Buch: Dr. Walter A. Compton, Elkhart, Indiana; Deanna Cross und Franklin Riehlman, Photographic Services, The Metropolitan Museum of Art, N.Y.; Laveta Emery, Photographic Services, Freer Gallery of Art, Washington, D.C.; Peter M. Grilli, Film Center & Education, Japan Society, Inc., N.Y.; Seizo Hayashiya, Applied Arts Department, TNM; Shiuo Imaizumi, New York Ki Society; Tak Inagaki, N.Y.; Masahiko Kawahara, Applied Arts Department, Kyōto National Museum; Rt. Rev. Jōsen Kenchu, Hōryū-ji, Nara; Shigemi Komatsu, Fine Arts Department, TNM; Martin Lorber, Sotheby Parke Bernet, Inc., N.Y.; Julia Meech-Pekarik, Department of Far Eastern Art, The Metropolitan Museum of Art, N.Y.; Masako Miyahara, Ronald Louis Nado, und Hisashi Yamada, Urasenke, Tea Ceremony Society, N.Y.; Doris Mullane, Daiichi Seihan (USA) Inc., N.Y.; Kenji Numata, Society for Preservation of Japanese Art Swords; Sachiro Nanami und Masakatsu Wajimi, Japan Information Center, N.Y.; Dr. Helmut Nikkel und Morihiro Ogawa, Department of Arms & Armor, The Metropolitan Museum of Art, N.Y.; Margo Paul, N.Y.; Andrew Pekarik, Mary and Jackson Burke Collection, N.Y.; Hiroaki Sato, N.Y.; Pat Sherman, Photographic Services, Museum of Fine Arts, Boston; Yoshinobu Tokugawa, TRF; Noboru Yokota, Daiichi Seihan Co. Ltd., Tōkyō; Frank T. Yorichika, East Asian Library, Columbia University, N.Y.

Karten: H. Shaw Borst

2: Museum of Fine Arts, Boston. 4–5: TNM. 6: Asuka-En, Inc.; Hōryū-ji, Nara. 10: Tōdai-ji, Nara. 12: TNM. 13: Bradley Smith/Gemini Smith Inc. 14–15: Asuka-En, Inc.; Hōryū-ji, Nara. 16–17: STH. 18: Yakushi-ji, Nara. 19–31: SHT. 32–33: Bradley Smith/Gemini Smith Inc. 34: Ise Shrine, Mie. 35: Gotō Art Museum, Tōkyō. 37: Freer Gallery of Art, Washington, D.C. 38–39: Fujita Art Museum, Ōsaka. 40–41: TRF. 42: Itsukushima Shrine, Hiroshima. 43: Fujita Art Museum, Ōsaka. 44: Yamato Bunkakun, Nara. 46–47: Gotō Art Museum, Tōkyō. 48–53: Shitennō-ji, Ōsaka. 54–55: O.E. Nelson, Mary and Jackson Burke Collection, N.Y. 56–57: TNM. 58–59: Imperial Household Collection. 60–61: Bradley Smith/Gemini Smith Inc. 62–63: Kita-in, Saitama Prefecture. 64–65: Otsuka Kogeisha Inc.; Private Collection. 66–67: Imperial Household Collection. 68–69 (unten): Otsuka Kogeisha Inc.; Shirayama Hime Shrine, Ishikawa. 68–69 (oben): TRF. 70: Holland Press, London. 71: Metropolitan Museum of Art, N.Y. 72: Kita-in, Saitama Prefecture. 73: Museum of Fine Arts, Boston. 74–75: Itsukushima Shrine, Hiroshima. 76: Oyamazumi Shrine, Ehime. 77: Itsukushima Shrine, Hiroshima. 78: Oyamazumi Shrine, Ehime. 79: Yoshimizu Shrine,Nara. 80: Eisei Bunko Library, Tōkyō. 81: Kasuga Taisha, Nara. 82–83: Kushibiki Hachiman-gū, Aomori. 84–85: Shogakukan Publishing Co.; Kushibiki Hachiman-gū, Aomori. 86–87: TNM. 88–89: Bradley Smith/Gemini Smith Inc. 90: Hatakeyama Art Museum, Tōkyō. 91: Kogaku-ji, Yamanashi Prefecture. 92–93: Myōshin-ji, Kyōto. 94: Nanzen-ji, Kyōto. 95: Shostal Associates, Inc. 96–109: Takeji Iwamiya/Pacific Press Service, Tōkyō. 110–111: Itsuo Art Museum, Ōsaka. 112–113: Hosomi Collection, Ōsaka. 114–115:: Kyōto, National-Museum. 116–117: Kodai-ji, Kyōto. 118 (oben): Kitamura-Museum, Kyōto. 118–119: Nezu Art Museum, Tōkyō. 119 (oben): TNM. 119 (Mitte): Private Collection. 119 (unten): Urasenke Foundation, Kyōto. 120 (oben): Saga Collection, Ishiwara Prefecture. 120 (Mitte): Setsuzo Hinohara. 120 (unten): Private Collection. 121 (oben): Egawa Museum of Art, Hyōgo. 121 (Mitte): Sumitomo-Bank, Ōsaka. 121 (unten): TNM. 122–123: Uesugi Collection, Yamagata. 124: Kyōto, National-Museum. 125: Shogakukan Publishing Co.; CI. 126–139: CI. 140: TRF. 142–143: Ōsaka-jō Castle, Ōsaka. 144–145: Kobe Municipal Museum of Namban, Hyōgo. 146–151: TRF. 152–153: Ii Collection, Shiga. 154: TRF. 155: Marc Riboud, Paris. 156–157: Ryuji Yamazaki/Sekai Bunka Photo. 158–165: Marc Riboud, Paris. 166–167: Gakken Publishing Co. 168–169: Marc Riboud, Paris.

WEITERFÜHRENDE LITERATUR

Bersihand, Roger, *Geschichte Japans von den Anfängen bis zur Gegenwart (Histoire de Japon des origines à nos jours).* Stuttgart 1963.
Bondegger, Harry, *Bushido. Das Geheimnis des Ostens.* Lindau 1963.
Glahn, E., [u.] Toynbee, Arnold J., (Hrsg.), *Der Ferne Osten. Geschichte und Kultur Chinas und Japans.* Braunschweig 1974.
Hall, John Whitney, *Das Japanische Kaiserreich.* Frankfurt/M. 1968.
Kohler, Werner, *Die Lotus-Lehre und die modernen Religionen in Japan.* Zürich 1962.
Mauer, Kuno, *Die Samurai. Ihre Geschichte und ihr Einfluß auf das moderne Japan.* Düsseldorf – Wien 1981.
Morton, William Scott, *Japan, Kultur und Geschichte. Das Inselreich in Tradition und Fortschritt.* München 1974.
Rawson, Philip S., *Frühe buddhistische Malerei aus Japan.* München 1963.
Rosenkranz, Gerhard, *Der Weg der Götter* [Shintō]. *Gehalt und Gestalt der japanischen Nationalreligion.* München 1944.
Schlott, Gerhard, [u.] Haseloff, Wolfgang, *Japan.* München – Frankfurt 1976.
Seckel, Dietrich, *Kunst des Buddhismus.* Baden-Baden 1962.
Smith, Bradley, *Japan, Geschichte und Kunst (Japan, a history in art).* München 1965.
Storry, Richard, *Die Samurai. Ritter des Fernen Ostens (The way of the Samurai).* Freiburg i. Br. 1978.
Zachert, Herbert, *Die Tokugawa-Zeit und ihr Einfluß auf Wesen und Nationalgeist der Japaner.* Leipzig 1938.

REGISTER

Die *kursiv* gesetzten Ziffern beziehen sich auf die Bildunterschriften

N

O

P

R

S

T